# CRISTIANISMO NO FEMININO

# LIDICE MEYER
# CRISTIANISMO NO FEMININO

───

## A PRESENÇA DA MULHER NA VIDA DA IGREJA

Copyright © 2025 por Lidice Meyer Pinto Ribeiro

Todos os direitos reservados e protegidos pela Lei 9.610, de 19/02/1998.

É expressamente proibida a reprodução total ou parcial deste livro, por quaisquer meios (eletrônicos, mecânicos, fotográficos, gravação e outros), sem prévia autorização, por escrito, da editora.

Os textos bíblicos foram extraídos da *Almeida Revista e Atualizada*, 2ª edição (ARA), da Sociedade Bíblica do Brasil.

*Edição*
Daniel Faria

*Revisão*
Ana Luiza Ferreira

*Produção*
Felipe Marques

*Diagramação*
Felipe Marques
Gabrielli Casseta

*Colaboração*
Guilherme H. Lorenzetti

*Capa*
Jonatas Belan

*Cip-Brasil. Catalogação na publicação*
*Sindicato Nacional dos Editores de Livros, RJ*

M56c

    Meyer, Lídice
      Cristianismo no feminino : a presença da mulher na vida da igreja / Lídice Meyer. - 1. ed. - São Paulo : Mundo Cristão, 2025.
      160 p.

    ISBN 978-65-5988-392-9

      1. Mulheres na Bíblia. 2. Mulheres no cristianismo. 3. Bíblia e feminismo. I. Título.

24-94626                            CDD: 220.83054
                                    CDU: 27-23-055.2

*Meri Gleice Rodrigues de Souza - Bibliotecária - CRB-7/6439*

Publicado no Brasil com todos os direitos reservados por:
Editora Mundo Cristão
Rua Antônio Carlos Tacconi, 69
São Paulo, SP, Brasil
CEP 04810-020
Telefone: (11) 2127-4147
www.mundocristao.com.br

*Categoria:* Igreja
1ª edição: fevereiro de 2025

Ao meu pai, Javan Pinto Ribeiro, pastor presbiteriano, mas acima de tudo um cristão que compreendia, vivenciava e ensinava a igualdade entre homens e mulheres no Reino de Deus (Gl 3.28).

À minha mãe, Mathilde Meyer Pinto Ribeiro, prova viva de que o Espírito Santo capacita e usa tanto mulheres como homens na pregação e na liderança da Igreja de Cristo.

Num mundo masculino as mulheres abrem brechas, elas são o grão de areia que não se espera, com que não se conta, a imagem de um Deus, também inesperado, que através delas introduz doçura no coração da História que os homens fazem, ou pensam que fazem.

André Wénin

# Sumário

**Introdução**  *11*

1. As mulheres e a sociedade do tempo de Jesus  *17*
2. Cinco mulheres, um descendente  *23*
3. As mulheres na infância de Jesus  *33*
4. Maria, bendita és tu entre as mulheres!  *41*
5. Fé nas sombras  *49*
6. Uma igreja feminina no anonimato  *57*
7. Um pouco de Marta e um pouco de Maria  *63*
8. Maria Madalena, uma história a ser resgatada  *71*
9. As mulheres na Paixão de Jesus  *79*
10. Três mulheres, só um arrependimento  *87*
11. Judaísmos, cristianismos e mulheres no primeiro século  *93*
12. Mulheres na igreja do primeiro século  *101*
13. O apóstolo Paulo e as mulheres  *109*
14. Devem as mulheres ficar caladas?  *117*
15. A uns (e umas) estabeleceu Deus  *125*
16. Uma ordem de viúvas e virgens na igreja primitiva  *133*
17. Diaconisas: as primeiras enfermeiras  *141*
18. Mulheres no ministério hoje  *149*

**Sobre a autora**  *159*

# Introdução

Quando pensamos no cristianismo, inevitavelmente nos vêm à mente imagens de personagens masculinos, a começar pelo próprio Cristo, Filho de Deus, homem. É comum que pensemos também nos doze apóstolos, também homens, e em Paulo, que foi o primeiro grande missionário da igreja cristã. Mesmo se nos voltarmos para tempos mais recentes, é provável que muitos se recordem de nomes de teólogos e líderes, todos ou pelo menos em sua grande maioria do sexo masculino. É como se estivéssemos condicionados a enxergar o lado masculino do cristianismo em detrimento das contribuições de tantas mulheres presentes tanto no Novo Testamento como em toda a história da igreja.

Esse tipo de visão segmentada acabou por provocar muitas críticas ao cristianismo e até mesmo contra a Bíblia, vista como misógina, escrita por homens que enfatizariam apenas as ações masculinas. O cristianismo e a Bíblia têm sido criticados como incentivadores de uma relação de violência social, moral e até mesmo física contra as mulheres. Textos bíblicos lidos separados de seu contexto cultural e mesmo literários podem ser e têm sido utilizados para perpetuar uma visão doentia sobre a pretensa superioridade masculina na criação e para justificar o cerceamento da participação feminina ativa nas igrejas.

A questão ainda se agrava quando observamos certas situações criadas pela tradução do texto grego para o português. Ficamos sujeitos à interpretação pessoal do tradutor, além de algumas questões próprias de nossa língua que levam a uma percepção muitas vezes androcêntrica do texto. Isso se nota bem nos termos plurais sempre no masculino. Muitas vezes o termo "discípulos", por exemplo, pode se referir aos discípulos totais de Jesus, que incluíam também mulheres que o seguiam e não apenas os doze discípulos homens. Podemos perceber esses dois grupos claramente em Lucas 6.13: "chamou a si os seus discípulos e escolheu doze *dentre eles*". Da mesma forma o plural "apóstolos" pode também incluir mulheres, como no casal Andrônico e Júnia, elogiado por Paulo (Rm 16.7). Muitas vezes também a palavra homem é usada com o sentido de humanidade, mas nossa leitura condicionada lhe acaba dando um peso androcêntrico. "Não só de pão viverá o *homem*..." (Mt 4.4); "eu vos farei pescadores de *homens*" (Mt 4.19); "os *homens* amaram mais as trevas que a luz..." (Jo 3.19) são só alguns dos inúmeros exemplos de uso da palavra "homem" como sinônimo de humanidade.

Algumas teólogas feministas chegaram a propor uma "hermenêutica de suspeição", pela qual seria necessário sempre questionar se as experiências das mulheres bíblicas podem ser lidas como autênticas em um texto construído dentro do ambiente patriarcal do Novo Testamento. É verdade que isso deve ser levado em consideração, mas defendo que podemos encontrar na Bíblia muitas histórias de mulheres que são contadas pelo viés do feminino, apesar dos autores masculinos do texto. Em muitas dessas histórias o protagonismo é totalmente feminino, relegando aos homens o papel de coadjuvantes, quando estão presentes, como na história da ressurreição de Lázaro (Jo 11.1-46) ou da mulher samaritana (Jo 4).

Assim, mesmo sem nenhum curso ou treinamento hermenêutico, quando nos dispomos a ler o texto bíblico sem preconceitos e sem ideologias pré-concebidas sobre ele, percebemos uma realidade muito diferente: as mulheres são tão presentes e atuantes em todo o Novo Testamento como os homens. Embora os autores dos livros do Novo Testamento possam ter sido todos homens e o contexto em que os textos foram escritos seja patriarcal, creio que muitas das histórias das mulheres do Novo Testamento representem sua realidade de forma verdadeira. Há até mesmo casos em que muito provavelmente uma mulher tenha sido a fonte primária das histórias, como nos dois capítulos iniciais do Evangelho de Lucas.

Os textos deste livro resgatam e ressaltam essas histórias, iluminando a vida dessas mulheres e trazendo-as para mais perto de nós. Cada capítulo é composto por textos breves e com linguagem simples para levar o/a leitor/a a refletir sobre o papel e a importância das mulheres no cristianismo primitivo a partir da leitura do Novo Testamento.

Este livro é um convite a revisitar o cristianismo pelo olhar feminino. É por isso que cada capítulo é precedido por uma obra de arte realizada por uma mulher pintora. Elas, da mesma forma que as mulheres do Novo Testamento, também são muitas vezes relegadas em nossa memória a segundo plano, se é que nos lembramos delas. Plautilla Nelli (1524–1588) foi a primeira mulher pintora da Renascença em Florença. Apesar de ter sido impedida de receber um estudo formal de pintura, por ser mulher, seu talento foi igualado ao de Leonardo da

Vinci, seu contemporâneo. Lavínia Fontana (1552-1614) teve a felicidade de ser filha do principal pintor da escola de Bolonha e receber dele o conhecimento que acabou aperfeiçoando com estilo próprio. Sua obra é considerada a maior de uma artista mulher até o século 18. Barbara Longhi (1552-1638) foi uma pintora precoce sendo mencionada aos 16 anos de idade em um texto de Giorgio Vasari em que ressaltava a qualidade de sua arte com "pureza de linha e brilho suave de cor". Filha de pintor, teve muitas de suas obras erroneamente atribuídas a seu pai, Lucca Longhi, tornando seu trabalho praticamente desconhecido pela maioria. Artemisia Gentileschi (1593-1653) foi uma pintora barroca, filha de um pintor famoso em Pisa, Itália. Foi a primeira mulher a ser membro da academia de pintura de Florença.

Essas quatro mulheres, desconhecidas para muitos, mostram com sensibilidade e delicadeza como as personagens bíblicas são percebidas de forma diferenciada pelo olhar da mulher. Além dessas ricas imagens de autoria feminina, o capítulo 10 traz uma pintura do pintor reformado holandês Karel Dujardin (1626-1678) que ilustra o momento em que Pedro é interpelado pelas criadas da casa do sumo sacerdote. Os capítulos 12, 13, 15 e 16 são ilustrados com afrescos anônimos dos séculos 4—6 encontrados em uma necrópole no Egito, em uma caverna em Éfeso e nas catacumbas de São Calixto e Comodila. Em dois afrescos temos uma imagem do apóstolo Paulo com mulheres. Esses afrescos são extremamente significativos nos dias de hoje em que o apóstolo Paulo tem sido por vezes interpretado ora como silenciador das mulheres, ora como seu maior defensor. Não importa aqui discutir a historicidade ou não das mulheres representadas nos afrescos, mas sim ressaltar como o apóstolo Paulo era percebido pelos cristãos dos séculos 4-6:

um amigo das mulheres, a quem chamava de suas cooperadoras no evangelho.

Alguns dos textos constantes nesta coletânea se baseiam em artigos publicados anteriormente nos seguintes veículos brasileiros: as revistas *Ultimato* e *O Clarim*, o jornal *O Estandarte*, e, de Sesimbra, Portugal, o *Jornal Raio de Luz*. Há também textos inéditos escritos especialmente para este livro. Encorajada pelo editor Daniel Faria, os artigos foram revisados e ampliados, novos textos foram compostos e perguntas para a reflexão pessoal do/a leitor/a foram desenvolvidas para melhor aproveitamento do material.

Desejo sinceramente que a leitura destes capítulos, acompanhada sempre dos textos bíblicos citados e seguida de sua reflexão pessoal, venha a tornar a Bíblia ainda mais preciosa e viva aos seus olhos. E que você venha a perceber com bastante clareza a existência de um cristianismo no feminino, vivido com intensidade pelas mulheres, que foi essencial para a implantação e desenvolvimento da Igreja Cristã e que continua a atuar em cada igreja cristã espalhada pelo mundo.

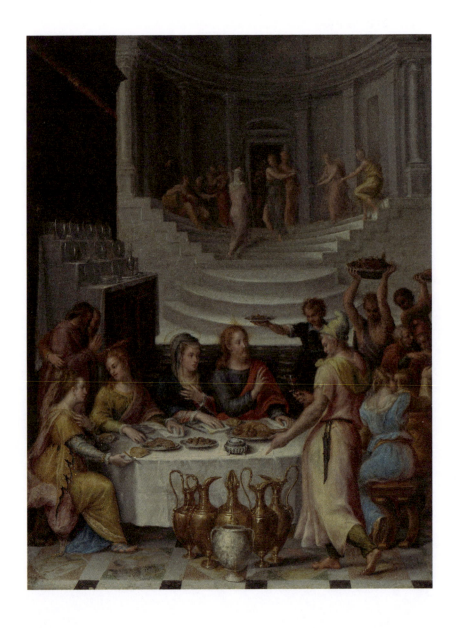

Lavinia Fontana, "As bodas de Caná", c. 1575–1580, óleo sobre cobre, 45,7x35,5cm, J. Paul Getty Museum.

# 1
# As mulheres e a sociedade do tempo de Jesus

Apesar de Jesus ter sido acompanhado de perto por doze homens, o Novo Testamento deixa claro que várias mulheres o seguiram em todo o seu ministério (Mt 27.55-56; Mc 15. 40-41; Lc 23.49,55), colaborando com ele e seus discípulos de diversas maneiras, sustentando-os até mesmo financeiramente (Lc 8.2-3) para que sua missão fosse levada a termo. É frequente encontrarmos textos que afirmam ter Jesus revolucionado o tratamento dado à mulher por agir de forma aberta e sem preconceitos em meio a uma sociedade patriarcal que tolhia qualquer expressão e ação feminina. No entanto, quando assumimos essa concepção simplista sobre a realidade da mulher na Palestina do primeiro século, perdemos a capacidade de vislumbrar e perceber muitas situações expostas no texto bíblico. Compreender a situação da mulher no contexto do Novo Testamento é essencial para uma visão integral do cristianismo em sua essência original.

As pesquisas arqueológicas e historiográficas nas regiões onde as histórias do Novo Testamento se desenrolam têm cada vez mais nos mostrado uma realidade sociocultural da mulher bem diferente do que se supunha. A região da Judeia, berço do cristianismo, já estava desde o século 4 a.C. sob forte influência helênica implantada após a conquista da região por Alexandre o Grande. Apesar de o judaísmo pós-exílico ter fortalecido a noção de identidade étnica e religiosa do povo judeu com práticas separatistas, a convivência com outras culturas, por ser a região local de rotas comerciais, e a continuidade dos casamentos interétnicos abriram um abismo entre a pregação rabínica e a realidade vivenciada pelo povo. E foram as mulheres quem principalmente se beneficiaram com estas mudanças.

O cativeiro babilônico (609–538 a.C.) fora interpretado pela liderança sacerdotal como um castigo pela desobediência do povo, causada sobretudo pelos casamentos com mulheres de outras religiões (Ne 13.23-30). É principalmente após o retorno do exílio que a mulher, que no judaísmo antigo possuía um papel de importância agindo em coliderança familiar e até mesmo como líder civil e militar (Jz 4—5), passou a ser vista como um ser tentador e traiçoeiro a ser controlado. O judaísmo nascido do pós-exílio criou as leis da modéstia (*Tzeniut*) que, entre outras coisas, visavam proteger os homens da má influência feminina, mantendo-as fora da vista, sob a tutela masculina, na gestão do lar. A presença de uma mulher em lugar público, fosse na rua, no mercado ou nos cultos religiosos, passou a ser considerada uma ofensa à sua dignidade de mulher.

Apesar das restrições impostas pela religião judaica, nem todas as judias do primeiro século agiam em total conformidade com os preceitos rabínicos. Numerosas colônias de judeus estavam em plena interação com o mundo greco-romano.

> Jesus, mesmo tendo sido criado em um ambiente patriarcal e judaizante, agia principalmente por sua natureza divina, sem barreiras em relação aos gêneros.

◆――◆――◆

Muitas cidades como Magdala, Séforis e Cesareia eram multiculturais, com judeus e não judeus convivendo em locais públicos como mercados, teatros e ginásios.

Sob o governo de Roma as mulheres conquistaram mais liberdades e as fronteiras entre o público e o privado se tornaram mais fluidas. Abriu-se lhes a oportunidade de participar ativamente da vida econômica das cidades como artesãs e comerciantes (At 16.14), adquirindo sustento próprio (Lc 8.3) e propriedades (Lc 10.38). A legislação romana lhes facultava o acesso à educação e à vida pública e na vida particular podiam participar das refeições familiares junto aos seus esposos. Mesmo não possuindo a obrigação de frequentar a sinagoga ou o templo, tinham lugar reservado para si nos espaços sagrados. Inscrições em diversas sinagogas da Ásia Menor datadas do primeiro século comprovam que algumas mulheres chegaram a ser líderes religiosas reconhecidas pela comunidade judaica. Nessas inscrições observam-se 31 nomes de mulheres juntamente com os títulos: líder, decana ou presbítera da sinagoga. Há ainda uma catacumba em Leontópolis, Egito, datada de 28 a.C., onde foi sepultada uma judia designada como "Marin, a sacerdotisa" (*hierisa*).

O lugar da mulher dentro do judaísmo do primeiro século deve, portanto, ser analisado à luz do contexto histórico e geográfico em que se desenvolveu. Enquanto em Jerusalém, sob o olhar mais controlador dos sacerdotes do templo, observava-se uma postura mais rígida no que tange ao controle socioeconômico das mulheres, nas cidades mais helenizadas e sobretudo nas regiões da diáspora judaica as mulheres alcançaram uma maior liberdade de ação. O cristianismo se desenvolveu em um ambiente propício para a participação das mulheres e foi muito beneficiado por essa maior liberdade de movimentos e decisões femininas. Como no mundo greco-romano o caráter e a reputação social de uma mulher baseavam-se na administração de sua casa, serão elas quem assumirão naturalmente a liderança das primeiras igrejas em suas casas (At 12.12; Rm 16.5; 1Co 1.11; 16.19; Cl 4.15; Fm 1.2) e que em muitas situações comporão o maior número do contingente de primeiros convertidos (At 16.13; 17.1,4,10-12,34).

Por fim, podemos dizer que a sociedade da Judeia do primeiro século sob o domínio romano mostrava-se confusa e dividida no que tange ao pensamento sobre as mulheres. No judaísmo havia diversas correntes político-religiosas (fariseus, saduceus, herodianos, batistas, zelotes, essênios) que apresentavam interpretações divergentes da Torá a esse respeito. Toda essa efervescência social e religiosa manifestava-se sobretudo em tratamentos ambíguos dispensados às mulheres. Mesmo com as conquistas das mulheres quanto aos espaços sociais, sua presença, se comparada à dos homens, continuava limitada ou considerada inadequada. Nesse cenário fica mais fácil compreender as reações negativas tanto de alguns dos discípulos (Jo 4.27) como de saduceus (Lc 20.33) e fariseus (Lc 7.39) à relação de proximidade que Jesus mantinha com as mulheres.

Jesus, mesmo tendo sido criado em um ambiente patriarcal e judaizante, agia principalmente por sua natureza divina, sem barreiras em relação aos gêneros. Apesar de o ambiente do primeiro século ser propício para a participação feminina, ao se colocar sempre em sua defesa e em sua companhia, Jesus manifestou-se em prol da valorização da mulher na sociedade. Os primeiros líderes do cristianismo, na busca por imitar o modelo de Cristo, manterão a igualdade entre os gêneros, a começar pelo apóstolo Paulo (Gl 3.28), como fruto do respeito e valorização das mulheres no ministério de Jesus.

### Para refletir

1. Agora que você sabe que algumas das discípulas possuíam bens próprios e liberdade de ir e vir devido a suas origens geográficas, isso muda algo na sua percepção da importância das mulheres no ministério de Jesus?

2. Sendo tão diferentes entre si, como você imagina que cada um dos doze discípulos deve ter reagido à maneira peculiar de Jesus de se relacionar com as mulheres?

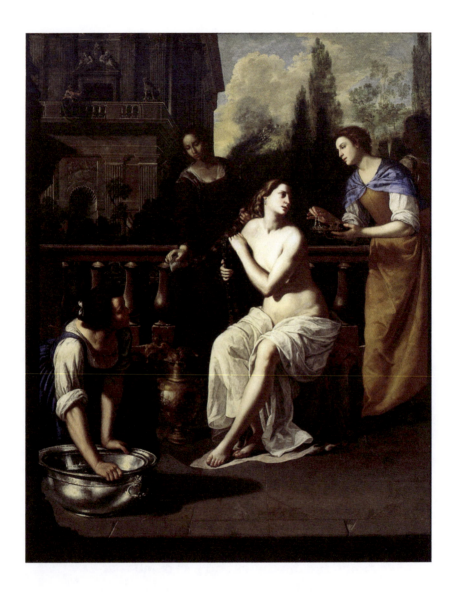

Artemisia Gentileschi, "Davi e Bate-Seba", c. 1636–1637, óleo sobre tela, 265,4×209,5cm, Columbus Museum of Art.

## 2
## Cinco mulheres, um descendente

O Evangelho de Mateus inicia com a genealogia de Jesus indicando sua descendência a partir de Davi e Abraão. Mateus dirige seu texto a judeus-cristãos, para os quais era importantíssimo perceber que Jesus era mesmo o descendente legal de Davi e por isso herdeiro legítimo do trono, bem como descendente de Abraão, o pai do povo hebreu. O evangelista pretende assim mostrar a ascendência real e legal de Jesus.

As genealogias podem ser usadas para atestar pureza religiosa, direitos a cargos políticos, condições matrimoniais e conexões étnicas. Ainda que muitos achem enfadonha a leitura das genealogias na Bíblia, elas revelam muitos detalhes importantes de personagens indicados pelas relações de parentesco. Outra falsa noção que muitos possuem sobre as genealogias bíblicas é que estas só registrem nomes de parentes do sexo masculino por serem testemunhas de uma organização social patriarcal. Muito desse equívoco se deve à má compreensão da palavra "patriarca" na Bíblia. O fato de existirem patriarcas no Antigo Testamento não significa que o sistema de governo da época fosse patriarcal. Pelo contrário, os chamados patriarcas do povo de Israel possuíam ao seu lado mulheres fortes com quem dividiam as tarefas de governo das famílias: as matriarcas. O regime patriarcal propriamente dito, com os homens no controle exclusivo de todas as áreas sociais, só será definitivamente implantado no antigo Israel sob o domínio romano. Até então, os patriarcas, ou chefes de um clã tribal, se responsabilizavam pela defesa do grupo e pelas questões religiosas, enquanto as matriarcas eram as responsáveis pelas decisões comerciais e familiares, como as questões de escolha do cônjuge para os filhos.

A importância das mulheres no antigo Israel se mostra na percepção de que apenas os filhos gerados por uma mulher judia são verdadeiramente judeus (herança matrilinear). Assim, Os chamados patriarcas do povo de Israel possuíam ao seu lado mulheres fortes com quem dividiam as tarefas de governo das famílias: as matriarcas. A presença de mulheres em uma genealogia também tem a intenção de acrescentar honra aos filhos, fazendo diferença entre os filhos de esposas legítimas e das concubinas (Êx 6.20,23,25; 1Sm 18.27; 1Rs 2.13; 1Cr 2—3).

Em toda a história do povo de Israel há sempre uma grande ênfase para que os casamentos acontecessem dentro da mesma parentela, ou tribo. É o que se chama de endogamia (*endo* = dentro, *gamia* = casar). Os casamentos endogâmicos eram considerados mais desejáveis por manter a herança de terra dentro da mesma família e também preservar a pureza religiosa. Já a exogamia (*exo* = fora, *gamia* = casar) só era tolerada entre os governantes com o intuito de angariar mais território e criar alianças políticas com outros povos.

# Os chamados patriarcas do povo de Israel possuíam ao seu lado mulheres fortes com quem dividiam as tarefas de governo das famílias: as matriarcas.

◆──────◆

Curiosamente, a genealogia de Jesus apresentada no Evangelho de Mateus inclui cinco mulheres, sendo três delas estrangeiras casadas com israelitas: Tamar (Gn 38), Raabe (Js 2; 6) e Rute, e duas israelitas: Bate-Seba (2Sm 11—12, 1Rs 11.31; 2.13-19, 1Cr 3.5) e Maria (Lc 1.26-38; 1.39-56; 2.1-7,21-38,41-52; 4.16-30; 8.19-21). Devemos compreender, portanto, que essas cinco mulheres possuem algo de especial para merecer seu destaque na genealogia do Messias. Ao estudar cuidadosamente suas histórias vê-se que todas se mostraram corajosas, destemidas e prontas para levar sua missão adiante apesar das oposições. Cinco mulheres que asseguram que a linhagem do messias não seria rompida.

A história da primeira das mulheres, Tamar, começa com uma exogamia. Judá, filho de Jacó/Israel casa-se com uma mulher cananeia anônima e gera três filhos: Er, Onã e Selá. O filho primogênito, Er, também contrai uma exogamia com uma mulher cananeia: Tamar. Como Er morre jovem sem deixar filhos, Tamar cumpre a lei do levirato casando-se com filho do meio, Onã. Segundo a lei, o primeiro filho gerado levaria o nome do primeiro esposo de Tamar para que sua descendência se mantivesse. Como Onã se recusa a consumar as relações sexuais com Tamar para não gerar a descendência de seu irmão, Deus o castiga com a morte. Uma vez que o filho mais jovem de Judá ainda era muito moço para contrair casamento com Tamar, Judá promete que assim que este alcance a maioridade seria dado como esposo à Tamar para que ela gerasse dele descendência para os dois filhos falecidos. Passados anos, isso não ocorre e Tamar decide por si só cumprir o levirato e manter a descendência de Judá. Despe suas vestes de viuvez e se apresenta a Judá, que a confunde com uma prostituta, deita-se com ela e deixa seu cajado e seu bordão como garantia de um pagamento que lhe seria dado posteriormente. Quando Judá retorna para efetuar o pagamento a pretensa prostituta havia desaparecido. Passam-se três meses e a gravidez de Tamar torna-se perceptível. Acusada de adultério, visto que estaria prometida da Selá, Tamar corre o risco de morte na fogueira. Tamar revela nesse momento quem é o pai do filho que espera: Judá. E este declara o quanto Tamar é mais justa que ele, pois se preocupou e se arriscou pela preservação de sua linhagem.

Nessa história vemos a primeira ameaça à linhagem do Messias e uma mulher que se coloca na frente da batalha para preservar a continuidade dessa linhagem. O nome de Tamar significa palmeira em hebraico. Devido à atitude de justiça de Tamar, a palmeira será sempre associada na mentalidade judaica à justiça (Jz 4.5; Sl 92.12). Os leitores do Evangelho de Mateus, judeus-cristãos, conheciam bem essa história e os textos judaicos que enfatizavam a qualidade de Tamar como mulher-justa e como mãe de reis e profetas, como o *Meguilá* 10 (séc. 1): "Qualquer noiva que é modesta na casa de seu sogro merece que reis e profetas saiam dela. De onde derivamos isso? De Tamar [...] ela mereceu que reis e profetas surgissem dela. Reis emergiram dela por meio de Davi, que era descendente do filho de Tamar, Perez [...]

Amós era membro da dinastia davídica e seu filho, o profeta Isaías, também era descendente de Tamar".

A segunda mulher presente na genealogia de Jesus é Raabe, cujo nome significa grande, amplo. E Raabe demonstrou realmente ser uma grande mulher na preservação da linhagem do Messias. Ela é apresentada pelo texto bíblico como sendo uma prostituta cananeia (Js 2.1; 6.22; Jz 16.1). Curiosamente, pouco antes da apresentação bíblica de Raabe, Deus determinara que todos os povos que habitavam a terra prometida deveriam ser exterminados, incluindo os cananeus (Dt 20.17). Raabe, portanto, é marginalizada etnicamente por ser cananeia, socialmente por ser prostituta e geograficamente por morar fora dos muros da cidade (Js 2.15). Apesar de tudo isso, Raabe se arrisca ao esconder dois espiões israelitas em sua casa embora o rei de Jericó houvesse determinado a pena de morte a quem o fizesse. Raabe se arrisca por um povo que não é o seu e faz uma das mais belas confissões de fé do Antigo Testamento: "O Senhor, vosso Deus, é Deus em cima nos céus e embaixo na terra" (Js 2.11). A ação de Raabe ao favorecer a entrada do povo em Jericó fez com que seu nome seja sempre lembrado pelos judeus como uma mulher de fé (Hb 11.31) e de boas obras (Tg 2.25). Uma mulher que apesar de ter sido uma prostituta cananeia é lembrada como virtuosa, mãe de filhos purificados pela sua ação em prol da preservação do povo de Israel. Segundo o evangelista Mateus, Raabe será a mãe de Boaz, que dará continuidade à linhagem do Messias (Mt 1.5).

O filho de Raabe, Boaz, será importante na história da terceira mulher da genealogia de Jesus: Rute, cujo nome significa amiga, companheira. Sua história também começa com uma exogamia na qual Malom, descendente de Judá, casa-se com Rute, uma moabita, um povo descendente do incesto entre Ló e suas filhas, condenado a não poder participar da assembleia do Senhor (Dt 23.3). Apesar disso, Rute entra na genealogia do Salvador. E por quê? Porque corajosamente também se colocou à disposição de Deus para cumprir com o levirato e manter a linhagem de Judá, de onde nasceria o Messias. Rute por sua própria escolha se torna a companheira de sua sogra Noemi, tanto em sua viuvez como na marginalidade da dependência econômica e social. Protagonista de sua história, Rute decide e age em prol de si e de Noemi para dar cumprimento à Lei do Goel, que permite a restituição das terras por um resgatador (Lv 25.47-49) cumprindo para isso a Lei do Levirato (Dt 25.5-10). Rute toma para isso várias iniciativas: retorna a Betel com a sogra, vai buscar espigas no campo de um possível resgatador (Boaz), intercepta o resgatador quando este está embriagado deitando-se junto a ele e solicita que ele estenda sobre ela o seu manto, que na linguagem simbólica judaica significa tomá-la como esposa (o simbolismo da tenda nos casamentos judaicos até os dias de hoje). Rute é considerada por Noemi "mais preciosa que sete filhos" por ter se preocupado em manter a linhagem de Judá viva (Rt 4.15-17). A história de Rute começa e termina com exogamias, mas pela retitude de suas ações a exogamia de Rute e Boaz é purificadora e ela gera um descendente considerado judeu puro: Obede. O evangelista mais uma vez se utiliza do conhecimento de seus leitores sobre a história de Rute, pois o Targum Aramaico (séc. 1) já continha uma profecia de Boaz a respeito da descendência de Rute na qual dizia que dela "viriam ao mundo seis justos, cada um dos quais seria abençoado com seis bênçãos: David, Daniel e os seus (três) companheiros, e o rei Messias".

A quarta mulher na genealogia é Bate-Seba, uma mulher mal interpretada por muitos. Embora o cinema e as novelas teimem em mostrar Bate-Seba como uma mulher sedutora

# Rute é considerada por Noemi "mais preciosa que sete filhos" por ter se preocupado em manter a linhagem de Judá viva.

◆━━━━━◆

que provoca um adultério com Davi, o que a Bíblia nos mostra é uma história muito diferente. A história de Bate-Seba começa com uma exogamia. Ela, que é da tribo de Judá, está casada com um oficial do exército de Davi, Urias, que é heteu ou cananeu, mas não tem descendentes. Enquanto Urias está na guerra, Bate-Seba está em casa purificando-se após a menstruação, e, portanto, em seu período fértil. Davi, ao contrário de Urias, ao invés de acompanhar seu exército está no palácio e coloca-se estrategicamente no terraço, de onde consegue espreitar o banho de Bate-Seba. Conforme já havia sido predito pelo profeta Samuel (1Sm 8.11-18), o rei usa de seu direito real para abusar sexualmente de Bate-Seba, que gera um filho. Davi realiza diversos subterfúgios a fim de que Urias venha e se deite com Bate-Seba a fim de ocultar o seu pecado. Sem sucesso, Davi ordena a morte de Urias e se casa com Bate-Seba. A criança, porém, embora seja biologicamente de Davi é socialmente filho de Urias, e acaba por morrer. O segundo filho biológico de Davi e Bate-Seba, Salomão, será considerado o descendente real e legal ideal pois é fruto de uma endogamia na tribo de Judá. Afinal, Amnon, o único outro filho de Davi com uma esposa da tribo de Judá, Ainoã, morreu jovem e sem deixar descendentes. Apesar da atitude deplorável de Davi, Deus através de Bate-Seba mantém a linhagem de Judá purificada a fim de que a promessa do Messias fosse cumprida.

Por fim, Maria, a quinta mulher da genealogia que dará à luz a Jesus, é da linhagem de Arão e muito provavelmente também de Judá. Uma mãe-virgem que concebe um filho que socialmente é de José, mas biologicamente é de Deus. Tamar, Raabe, Rute e Bate-Seba prepararam o caminho para que o evangelista apresentasse Maria. O nascimento de Jesus de uma mãe-virgem coroa a sequência de mães anômalas da genealogia. Maria é tida como adúltera como foi Tamar, arrisca sua vida como Raabe arriscou, é decidida como Rute foi e concebe um filho que não é de seu esposo, como Bate-Seba.

Percebemos assim que o autor do Evangelho de Mateus não escolheu quatro mulheres do Antigo Testamento de forma arbitrária. Na sua percepção e na de seus leitores, essas quatro mulheres são representativas de Maria. As cinco mulheres da genealogia de Jesus conceberam de forma irregular em virtude de uma união conjugal fora dos cânones habituais. São mulheres e mães que atuaram com protagonismo em momentos decisivos quando a linhagem do Messias estava ameaçada, participando ativamente do processo de salvação. Mulheres à margem da sociedade, mas usadas por Deus para os seus propósitos!

O destaque dessas cinco mulheres nos mostra que apesar de Jesus ter nascido em um povo patriarcal, recebeu heranças masculinas e femininas que moldaram o seu lado humano. Em sua herança matrilinear, de sangue, estão mulheres de várias etnias, o que modificará a forma de olhar para a mulher acusada de adultério, como Tamar, para a mulher pecadora, como Raabe, para a mulher estrangeira, como Rute, entre tantas outras com as quais conviveu.

## Para refletir

1. Você já havia reparado em como as mulheres são importantes em uma genealogia bíblica? Comece a ler e estudar as genealogias da Bíblia com mais atenção e, quando o nome de uma mulher aparecer, tente descobrir por que ele foi citado. Talvez seja para mostrar uma endogamia ou uma exogamia, ou quem sabe para separar os filhos legítimos dos de uma concubina ou criar uma graduação de valores entre os filhos.

2. Você já havia atentado para o valor dessas cinco mulheres na preservação da linhagem de Judá quando esta estava ameaçada de ser extinta? O que isso nos ensina sobre as formas que Deus usa para que suas promessas sejam cumpridas?

Artemisia Gentileschi, "O nascimento de João Batista" (detalhe), c. 1635, óleo sobre tela, 184cm x 258 cm, Musel del Prado.

# 3
# As mulheres na infância de Jesus

Uma das imagens mais tradicionais que nos remetem ao primeiro Natal envolve simbolicamente o conceito de família: um bebê num berço improvisado ladeado por sua mãe e seu pai. No entanto, desde quando Francisco de Assis criou o primeiro presépio no século 13, a imagem que temos desse evento é a mesma. Uma manjedoura com um bebê, ladeado por sua mãe, a única representante feminina na cena, cercada de elementos masculinos: José, os magos do Oriente, pastores e até mesmo anjos com fisionomias masculinas.

O Evangelho de Lucas, ao contrário, destaca e enfatiza nos dois primeiros capítulos de seu texto o papel de três mulheres nos primeiros dias de vida de Jesus. O texto de Lucas inicia com a história de um casal sacerdotal: Zacarias e Isabel. Mas o destaque é dado a Isabel como pertencente à família sacerdotal de Arão. Isabel é apresentada como uma mulher estéril, mas justa e irrepreensível (Lc 1.5-7). Sua justiça é enfatizada para demonstrar que sua esterilidade não era um castigo por um pecado, mas sim para que se manifestasse um milagre divino em sua vida, numa clara associação com a matriarca de Israel, Sara (Gn 18.11-14) e com a mulher de Manoá, mãe do profeta Sansão (Jz 13.2-3).

Os paralelos traçados pelo autor do Evangelho de Lucas ficam claros à medida que tanto Sara como o esposo de Isabel dirigem a Deus a mesma pergunta quando lhes é revelado sobre a concepção miraculosa de seus filhos. Sara diz: "Depois de velha, e velho também o meu senhor, terei ainda prazer?" (Gn 18.12), enquanto no Evangelho de Lucas é Zacarias que inquire ao anjo: "Como saberei isto? Pois eu sou velho, e minha mulher, avançada em dias" (Lc 1.18). A resposta divina a essas perguntas também é a mesma. O anjo revela a Maria acerca da concepção de João Batista por Isabel: "Porque para Deus não haverá impossíveis em todas as suas promessas" (Lc 1.37), à semelhança da pergunta retórica dirigida por Deus a Sara e a Abraão: "Acaso para o Senhor há coisa demasiadamente difícil?" (Gn 18.14).

O Deus que planejou e criou o ventre materno é o mesmo que o faz frutificar quando lhe convém. Ventre esse que já é vaso consagrado pelo Espírito Santo durante todo o crescimento do feto que nele se aloja (Lc 1.15), à semelhança do ventre de Maria. Em Isabel e Maria vemos o revelar-se da sacralidade feminina, ser criado como capaz de gerar a vida, de sustentá-la,

> Em Isabel e Maria vemos o revelar-se da sacralidade feminina, ser criado como capaz de gerar a vida, de sustentá-la, alimentá-la e protegê-la.

❖——❖

alimentá-la e protegê-la. A mulher, à semelhança da Terra que a todos abriga e sustenta, é o veículo sagrado da vida.

Ao relato sobre a gravidez de Isabel (Lc 1.24-25) segue-se a visita do anjo a Maria, sua parente, uma adolescente recentemente prometida em casamento ao jovem José. As palavras do anjo anunciaram aquele que se tornou a figura central do Natal: "Maria, não temas; porque achaste graça diante de Deus. Eis que conceberás e darás à luz um filho, a quem chamarás pelo nome de Jesus. Este será grande e será chamado Filho do Altíssimo; Deus, o Senhor, lhe dará o trono de Davi, seu pai; ele reinará para sempre sobre a casa de Jacó, e o seu reinado não terá fim" (Lc 1.30-33). Palavras fortes e misteriosas. Fico pensando em quantas coisas passaram pela jovem mente de Maria. Dúvidas, apreensões, preocupações.

Apesar da pouca idade, Maria, como qualquer adolescente de hoje, questionou a si e ao anjo para enfim afirmar: "Aqui está a serva do Senhor; que se cumpra em mim conforme a tua palavra" (Lc 1.28-38). Maria, uma menina em idade, mas uma grande mulher nas decisões e na firmeza de propósitos que se transformou na primeira discípula do *Mestre* Jesus, sempre guardando suas palavras e meditando-as no coração (Lc 2.19,51).

Já grávida, Maria decidiu buscar refúgio seguro junto à sua parente Isabel, alertada pelo anjo de que esta também estava passando uma situação semelhante: uma gravidez impossível (Lc 1.36). Em um encontro emocionante, o Espírito de Deus se manifestou no diálogo entre as duas mulheres, mediado pelos bebês que ambas esperam (Lc 1.39-45). E Isabel, "possuída do Espírito Santo", declarou pela primeira vez que aquele bebê sendo gerado no ventre de Maria não era uma simples criança, mas era o *Senhor*!

O autor do Evangelho de Lucas então registra um belíssimo cântico de Maria (Lc 1.46-55) no qual ela demonstra seu conhecimento das Escrituras e seu reconhecimento da gravidez sobrenatural que está experimentando, pois parafraseia o cântico de Ana, que por sua vez também teria experimentado uma gravidez impossível (1Sm 2.1-10). Na história de Isabel e Maria revelam-se as histórias de tantas outras mulheres, a começar pelas mulheres do Antigo Testamento, Sara, a mulher de Manoá e Ana, até tantas outras que ainda nos dias de hoje esperam e realizam, grávidas de bebês ou de sonhos. Mulheres que se unem pela sororidade natural, apoiando-se mutuamente em momentos de fragilidade física e emocional, unindo forças em prol da vida.

Após cerca de três meses junto a Isabel, Maria, mais fortalecida em sua fé e determinação, regressou à casa materna e casou-se com José (Lc 1.56; 2.5). Seu ventre continuou a crescer junto com suas expectativas e apreensões. Como toda mulher que espera um filho, Maria se preocupava com as questões relativas ao parto e aos cuidados do recém-nascido. Imagino que José, hábil construtor, tenha se dedicado a fazer um pequeno berço: um berço digno de receber o

> Na história de Isabel e Maria revelam-se as histórias de tantas outras mulheres [...] que se unem pela sororidade natural, apoiando-se mutuamente em momentos de fragilidade física e emocional, unindo forças em prol da vida.

◆———◆

Filho de Deus. O berço e o enxoval estavam prontos, mas não seriam estreados no parto. Os planos de Deus eram diferentes, e os dias da gravidez de Maria se completaram justo quando ambos estavam longe de casa e do conforto preparado. Jesus nasceu e repousou sua primeira noite em uma manjedoura de animais.

É difícil imaginar a adolescente Maria cuidando sozinha de seu parto. Embora a Bíblia não traga indícios de outras mulheres participando no parto de Jesus, o texto apócrifo do primeiro século *Protoevangelho de Tiago* relata a presença de duas mulheres nesse momento especial: uma parteira anônima e Salomé. O texto conta que ambas já encontraram Maria com o menino Jesus ao seio quando entraram no aposento. A parteira teria exclamado: "Minha alma foi engrandecida, porque meus olhos viram coisas incríveis, pois que nasceu a *salvação* para Israel", e Salomé teria declarado, segurando o menino ao colo: "Adorar-te-ei, porque nasceste para ser o grande *Rei de Israel*". O texto ainda relata sobre uma voz que se dirige a Salomé dizendo: "Salomé, Salomé, não contes as maravilhas que viste até estar o menino em Jerusalém".

Esse texto do *Protoevangelho de Tiago* se conecta ao texto do Evangelho de Lucas nesse ponto, pois foi um pouco mais de um mês após o nascimento de Jesus que, em Jerusalém, mais uma mulher entrou na história com uma preciosa declaração. Maria e José, 41 dias após o nascimento de Jesus, conforme exigia a lei de purificação judaica, dirigiram-se ao templo para consagrar o menino (Lc 2.22-24). É no templo em Jerusalém que a profetisa Ana, uma viúva idosa da tribo de Aser, uma das tribos retornadas da diáspora do reino do norte, conheceu o menino Jesus (Lc 2.36-38). Foi essa mulher a primeira a divulgar que aquele menino não era uma simples criança, mas era o *Messias* esperado havia muito, que reunificaria novamente os reinos de Judá e Israel em um só povo, completando a profecia de Simeão. Jesus é a "luz para a revelação aos gentios e para a glória do povo de Israel" (Lc 2.32).

Jesus sempre recebeu um carinho e atenção especial das mulheres. Elas compreenderam suas mensagens e ensinamentos, o amaram e o seguiram até o fim. No início de sua vida não foi diferente. Segundo esses dois textos, cinco mulheres participaram da história de seus primeiros dias neste mundo. Cinco mulheres ligadas pelos laços da sororidade. Uma mãe-adolescente e quatro mulheres maduras que participaram da vida de Maria, seja durante a sua gravidez, seja no parto ou na primeira apresentação social de Jesus. Uma criança, cinco mulheres e cinco revelações. Na infância do menino Jesus as mulheres já revelavam ser ele o Mestre, o Senhor, o Salvador, o Rei e o Messias!

## Para refletir

1. Maria foi a primeira professora de Jesus, ensinando-lhe as primeiras histórias do povo de Deus. Como a experiência pessoal de Maria com Deus pode ter contribuído para a formação espiritual do menino Jesus?

2. O evangelista Lucas era um historiador que buscou as informações para redigir o seu texto em diversas "testemunhas oculares" (Lc 1.3). Devido à riqueza de detalhes dos seus dois primeiros capítulos, muitos acreditam que a própria Maria tenha sido uma dessas testemunhas. Esse dado tem algum impacto na sua percepção sobre a relevância das mulheres na composição do texto bíblico?

Barbara Longhi, "Maria com o menino Jesus adormecido", c. 1600, óleo sobre tela, 49cmx42,5cm, Museo d'Arte della città, Ravenna.

# 4
# Maria, bendita és tu entre as mulheres!

Dentre as mulheres que se destacam na história do cristianismo, Maria de Nazaré se sobressai. Apesar disso, parece-me que ainda há muita restrição a seu nome e sua história em algumas igrejas. É comum limitarem a importância de Maria ao fato de ela ter dado à luz à Jesus e pronto! Lembram de sua existência quando o mês de dezembro se aproxima e tornam a esquecê-la tão logo o novo ano se inicia. A forte associação de Maria ao catolicismo acabou causando o seu progressivo afastamento do culto protestante como forma de dissociação entre as duas grandes vertentes do cristianismo. Mas relegar Maria ao papel apenas de genitora do Salvador é uma perda imensa. Maria de Nazaré foi muito mais do que isso, e sua vida ainda tem muito a ensinar nos dias de hoje.

Maria foi a primeira professora de Jesus, sua primeira discípula, uma das primeiras testemunhas da ressurreição e uma das primeiras a receber o Espírito Santo no Pentecoste. Entre os israelitas, a responsabilidade da transmissão dos primeiros passos na religião é das mulheres: mães, tias, avós e irmãs mais velhas. O estudo do texto bíblico nos revela o conhecimento que Maria detinha das Escrituras (Lc 1.46-55). Conhecimento esse que com certeza transmitiu a Jesus por meio de histórias, cantigas, orações e de seu agir. Mas foi também Maria quem, mesmo antes do nascimento de Jesus, já o percebia como Mestre e Senhor, guardando tudo em seu coração (Lc 1.45; 2.19,33,51). E assim, transmitiu também a seu filho a confiança necessária para que este pudesse fazer outros discípulos após ela.

Em Maria encontramos exemplo de vida para as mulheres de todas as idades. Nela temos a adolescente questionadora que não aceitou de bate-pronto a palavra do anjo: "Como será isto?" (Lc 1.34). Como todo adolescente, Maria precisou de uma prova concreta após a qual assumiu sua tarefa com uma fé inabalável (Lc 1.35-38). Mas também encontramos a jovem Maria que enfrentou com coragem a possibilidade de "bullying" por uma gravidez fora do casamento. A aldeia de Nazaré, onde Maria morava, era formada por pequenos agrupamentos familiares que compartilhavam de um mesmo pátio para tarefas comuns. Era impossível esconder uma gravidez dos olhares curiosos de primas, tias e outros parentes. Podemos compreender então a viagem de Maria em busca de segurança e conselhos da prima mais velha, Isabel, que experimentava uma gravidez tão miraculosa como a sua (Lc 1.39-56). Nesse breve encontro não só temos a aprender com a coragem da jovem Maria como também a importância de sermos "Isabel" para tantas jovens necessitadas de uma palavra de ânimo, conforto ou mesmo proteção.

# Maria e José foram parceiros nas dificuldades e nas alegrias, ajudando-se mutuamente na missão de criar o Filho de Deus.

◆──────◆

Na narrativa do nascimento de Jesus, chama-nos a atenção a força e coragem de uma jovem recém-casada que acompanhou o esposo em uma jornada difícil e ainda fez sozinha o próprio parto (Lc 2.1-7). Será que era mesmo necessário Maria acompanhar José no recenseamento, estando tão perto de dar à luz? Sabemos muito pouco do relacionamento desse casal especial, mas Maria aqui nos ensina a importância do companheirismo e da parceria no casamento. Maria reconheceu o valor de José (Mt 1.18-25) e de sua companhia (Lc 2.1-5). Ela sabia que José a havia recebido como esposa, mesmo com as dúvidas e inseguranças que ele havia sentido ao saber de sua gravidez. Assim, apesar de estar enfrentando uma situação tão delicada para sua saúde e do bebê, Maria decidiu acompanhar seu esposo na viagem a Belém. Maria e José foram parceiros nas dificuldades e nas alegrias, ajudando-se mutuamente na missão de criar o Filho de Deus.

A jovem mãe Maria demonstrou a força de sua religiosidade ao realizar as práticas de purificação pós-parto e na circuncisão e dedicação de seu filho no templo (Lc 2.21-24). É observando a prática dos pais que os filhos aprendem melhor. A devoção de Maria com certeza foi marcante na formação do menino Jesus, frequentando com ele a sinagoga de Nazaré e com suas idas anuais ao templo. E foi justamente no templo que a jovem mãe Maria foi confrontada tanto com a maior das alegrias como com o maior dos medos de toda mãe. O reconhecimento público do valor de seu filho pelos profetas Simeão e Ana (Lc 2.25-38) veio junto com uma terrível profecia: "uma espada transpassará a tua própria alma" (Lc 2.35). Tenho a impressão de que as palavras do profeta Simeão repercutiram no coração de Maria quando doze anos depois, numa nova ida ao templo, Jesus se perdeu de seus pais (Lc 2.41-51). Como imaginar a angústia de Maria nos três dias que passou buscando por Jesus numa Jerusalém tumultuada e lotada de pessoas? Mas posso imaginar a força com que Maria abraçou o menino Jesus ao encontrá-lo no templo. Nada mais importava. Seu filho "estava morto e reviveu, estava perdido e foi achado" (Lc 15.24)! Mal sabia Maria que esse acontecimento não era senão uma preparação para o que ela enfrentaria duas décadas depois, novamente em Jerusalém, quando veria seu filho ser insultado, agredido e morto sobre uma cruz (Jo 19.25), mas três dias depois, miraculosamente, ela o voltaria a ver com vida!

Talvez tenhamos sempre em mente a imagem de uma Maria calada e muito caseira, mas não é essa a Maria que a Bíblia nos apresenta. Maria envolvia-se com sua comunidade atuando com liderança, como podemos perceber nas bodas de Caná. Ela não era uma simples convidada da festa, mas fazia parte de sua organização (Jo 2.1-10). O envolvimento social de Maria com certeza também foi um dos importantes exemplos que deixou para seu filho. É mesmo significativo que Maria esteja presente quando Jesus começou a se revelar ao mundo (Jo 1.11), pois ela esteve junto a Jesus em todos os momentos de seu ministério, mesmo que seu nome não apareça em muitas narrativas. Ela sabia, assim como João Batista, que convinha que Jesus crescesse e ela diminuísse

# A discípula Maria se colocou humildemente entre os membros da grande família de Cristo, seguindo-o, ouvindo-o e aprendendo com ele.

em importância na sua história (Jo 3.30). E é por isso que Maria não se ofende quando Jesus diz publicamente que sua mãe e seus irmãos doravante seriam aqueles que fizessem a sua vontade (Mt 12.46-50). A discípula Maria se colocou humildemente entre os membros da grande família de Cristo, seguindo-o, ouvindo-o e aprendendo com ele. Maria era aqui simplesmente uma mãe que se orgulhava e se alegrava com as realizações de seu filho já crescido.

A alegria de Maria se converteu em tristeza quando acompanhou seu filho em sua jornada ao Gólgota. Jesus reconheceu o amor infinito de sua mãe quando da cruz dirigiu-lhe ternas palavras de preocupação e cuidado (Jo 19.26). A profecia de Simeão se cumpriu: uma espada de dor e sofrimento transpassou a alma de Maria. É impossível compreender a força dessa mulher que a manteve junto à cruz até o último suspiro de seu filho, que abraçou seu corpo inerte após o mesmo ser retirado da cruz e acompanhou seu cortejo fúnebre até o sepulcro (Mt 27.61; Mc 15.40,47). A dor que paralisa o tempo, porém, não a impediu de junto com suas amigas, discípulas como ela, dedicarem-se a preparar os aromas e bálsamos para sua última homenagem (Lc 23.56).

Todo esse amor e fé foi recompensado quando, na madrugada de domingo, foram recebidas pelo anjo que lhes anunciou: Ele ressuscitou! Alegria ainda maior veio quando no caminho para encontrar os discípulos e relatar o acontecido o próprio Jesus lhes veio ao encontro (Mt 28.1-10). Mais uma vez Maria buscou seu filho por três dias, mas agora foi ele quem a encontrou! Outrora professora que se fez discípula, Maria agora era uma testemunha da ressurreição. E é como tal que ela será pela última vez mencionada na Bíblia: reunida aos discípulos no cenáculo, parte da igreja nascente que recebe o Espírito Santo (At 1.14; 2.1-4).

Maria, em cujo corpo o Filho de Deus foi gerado, torna-se agora parte do Corpo de Cristo: a Igreja. Maria, bendita entre as mulheres, torna-se uma de nós: mulheres cristãs, discípulas e testemunhas de Jesus. Em Maria de Nazaré encontramos a imagem de todas as mulheres do mundo. A adolescente questionadora, a jovem em dificuldades, a solteira, a casada, a jovem-mãe com suas angústias, a mãe madura e orgulhosa por seus filhos e a mãe em luto. Em Maria vemos a mulher-discípula que aprende e a mulher-testemunha que evangeliza, a mulher que sabe quando se colocar na liderança e quando retirar-se. Toda mulher, jovem ou madura, mãe ou não, encontra na vida de Maria de Nazaré um paralelo, uma lição de fé e de força.

Resgatar a importância de Maria de Nazaré é redescobrir a força feminina do cristianismo. É perceber o valor da mulher do fortalecimento da fé na família e na igreja. Maria de Nazaré é bendita entre as mulheres!

## Para refletir

1. Se Maria possui tanta importância na vida de Jesus, por que são tão raros os estudos sobre sua vida nos grupos de mulheres e na igreja, exceto na época do Natal?

2. Com que parte da vida de Maria você se identifica mais e por quê?

Artemisia Gentileschi, "Maria Madalena", c. 1620, óleo sobre tela, 108×146,5cm, Pitti Palace.

# 5
# Fé nas sombras

Numa época em que temos discutido muito sobre o papel da mulher na igreja é mais que necessário revisitar as Escrituras com um olhar isento de pré-julgamentos. A acusação de que a Bíblia seja misógina devido a ter apenas autores homens se mostra absurda quando passamos a lê-la com os olhos voltados à presença e participação feminina na trajetória do povo de Israel e da igreja primitiva. Cada vez é mais clarificada a verdade de que não é a Bíblia que é misógina e sim muitas vezes a leitura que se faz de seu texto, selecionando-se as partes de protagonismo masculino em detrimento das histórias das mulheres que nela se encontram. O texto bíblico não faz acepção de gênero. Homens e mulheres são coparticipantes na graça divina e estão presentes em todos os livros das Escrituras. Assim, não é de se estranhar que da mesma forma homens e mulheres estejam igualmente presentes na história do ministério terreno de Jesus.

É inegável que Jesus escolheu doze discípulos homens, mas os evangelistas destacam a grande quantidade de mulheres que o seguiam como discípulas informais do Mestre (Mt 27.55-56; Mc 15.40-41; Lc 8.1-3, 23.49; Jo 19.25). A quantidade de mulheres que seguiam Jesus era tão expressiva que os quatro evangelistas, mesmo sendo homens, não o puderam deixar de registrar. Dentre esses textos, o capítulo 8 de Lucas é extremamente revelador: ele coloca os doze discípulos em paralelo às mulheres, em igualdade de valor perante o ministério de Jesus. O texto mostra que as mulheres assim como os doze discípulos acompanhavam Jesus "pregando e anunciando o evangelho do reino de Deus". Um pouco antes, no capítulo 6, Lucas apresenta os doze discípulos fornecendo algumas informações sobre eles (Lc 6.13-16) e, no capítulo 8, ele faz o mesmo, só que agora apresentando três mulheres e "muitas outras", também dando algumas informações sobre elas. Esse paralelo é intencional! Lucas sempre destaca a presença de dois grupos entre os discípulos: um formado por homens e outro formado por mulheres, tanto em seu evangelho como no livro de Atos dos Apóstolos (At 1.13-14; 8.3).

É curioso, porém, observar que Lucas destaca uma diferença: as discípulas atuavam no sustento do grupo como um todo. O fundo comum, administrado por Judas Iscariotes (Jo 13.29), era composto pelas doações das mulheres que seguiam a Jesus. Na Palestina do primeiro século uma mulher podia possuir bens próprios por herança paterna (na ausência de irmãos), um presente recebido de um parente, dote do casamento, herança de um esposo (na ausência de filhos), pensão de viuvez ou como fruto de seu próprio trabalho. Seja qual fosse a origem de seus bens, essas mulheres o aplicaram para o sustento de Jesus e de todo o seu grupo, liberando os discípulos homens das suas tarefas, a fim de poderem estes acompanharam Jesus mais de perto.

> As mulheres eram muito mais que discípulas. Elas eram as mantenedoras do ministério de Jesus e de seus doze discípulos. Sem elas os três anos em que Jesus percorreu a Galileia e a Judeia teriam sido muito diferentes.

◆────◆

As mulheres eram muito mais que discípulas. Elas eram as mantenedoras do ministério de Jesus e de seus doze discípulos. Sem elas os três anos em que Jesus percorreu a Galileia e a Judeia teriam sido muito diferentes. Devido à ênfase que Lucas dá aos dois grupos de discípulos não é difícil imaginar que a missão dos setenta registrada no capítulo 10 incluísse também duplas de mulheres. Elas seriam muito mais facilmente ouvidas por outras mulheres, alvos também do amor de Deus.

Lucas define, segundo as palavras de Cristo, que a essência do discipulado é acompanhar Jesus e pregar o reino de Deus (Lc 9.60-62). Já vimos que as mulheres realizavam essas duas ações, mas há também outro elemento interessante a ser destacado. No judaísmo a posição corporal característica de um discípulo é assentar-se aos pés de seu mestre enquanto este ensina. É o que Lucas também registra sobre o apóstolo Paulo em relação ao seu mestre Gamaliel (At 22.3). Curiosamente os Evangelhos só se referem a uma mulher assumindo essa posição junto a Cristo: Maria de Betânia (Lc 10.39-42). O discipulado também implica uma relação de proximidade entre mestre e discípulo, intimidade, cumplicidade até. Foi por isso que Maria de Betânia quem comoveu Jesus (Jo 11.33) e compreendeu mais profundamente a angústia dele quando já se aproximava o Calvário (Jo 12.3-8).

Jesus conhecia e amava suas discípulas. Tanto que os ensinamentos mais difíceis dos Evangelhos foram dirigidos às mulheres. À mulher samaritana, a quem os discípulos homens olharam com desdém, Jesus confiou o ensino sobre a "água da vida" e sobre a adoração "em espírito e em verdade" (Jo 4.1-30). Uma simples mulher anônima e ainda mais uma samaritana, mas que Jesus sabia ser especial! Ela compreendeu a sua mensagem e se tornou uma grande missionária (Jo 4.39). Às irmãs Maria e Marta de Betânia Jesus ensinou sobre ele ser a "ressurreição e a vida" (Jo 11), e foi de Marta que ele ouviu a declaração: "Eu tenho crido que tu és o Cristo, o Filho de Deus que devia vir ao mundo" (Jo 11.27). Sim, as mulheres compreendiam sua mensagem e foi por isso que tiveram a coragem e a audácia de acompanhar Jesus desde a Galileia até a cruz (Mt 27.55-56).

Também foi dentre as discípulas que Cristo chamou apóstolas. O apóstolo é um enviado, um portador de uma mensagem de um líder a quem segue. E, se sentado é a posição de um discípulo, a do apóstolo é estar levantado. Assim foi que o Cristo ressurreto se dirigiu às mulheres que o adoravam aos seus pés: após levantá-las (fisicamente, espiritualmente e emocionalmente) as enviou para testemunhar sobre a boa-nova da ressurreição (Mt 28.9-10). Mulheres,

> **As mulheres compreendiam sua mensagem e foi por isso que tiveram a coragem e a audácia de acompanhar Jesus desde a Galileia até a cruz.**

---

cujo testemunho nada valia nos tribunais judaicos, mas que foram enviadas por Jesus como primeiras testemunhas da igreja nascente.

Enquanto os discípulos são duramente criticados por sua pouca fé (Mt 6.30; 8.26; 14.31; 17.20), mulheres anônimas são lembradas nos Evangelhos pela admiração de Jesus por sua fé: uma mulher em Cafarnaum que sofria de uma hemorragia, uma mãe cananeia, uma viúva pobre e uma mulher que possuía um perfume caro (Mt 9.22; 15.28; Mc 12.42-44; Mc 14.3-9). Quatro mulheres: uma israelita e uma não israelita, uma viúva pobre e uma mulher de posses. Nelas estão representadas todas as mulheres que serviram e amaram a Jesus. Ele reconheceu o valor de cada uma delas e a sua fé. Jesus não as ignorou nem as destratou. Pelo contrário, admirou-se delas e declarou: "Onde for pregado em todo o mundo este evangelho, será também contado o que ela fez, para memória sua" (Mt 26.13). A memória de uma fé preservada nas sombras do anonimato a que tantas mulheres líderes de ontem e de hoje são colocadas em prol de um patriarcalismo extrabíblico.

Jesus resgatou a harmonia da criação exposta em Gênesis 2.20, em que as palavras *ezer neged* são traduzids por auxiliar semelhante. Só Deus e Eva recebem na Bíblia o termo de *ezer*. A mulher é comparável a Deus como fonte de auxílio ao homem! É por isso que Jesus se posiciona contrariamente à situação social do primeiro século quanto à desarmonia entre homens e mulheres: "Não foi assim desde o princípio" (Mt 19.4-5,8).

O apóstolo Paulo também recupera a harmonia da criação em Gálatas 3.28: "não pode haver [...] nem homem nem mulher; porque todos vós sois um em Cristo Jesus". Jesus e Paulo, apesar de viverem dentro do patriarcalismo reinante no primeiro século, propõem um retorno ao modelo original em que a mulher e o homem desfrutam de oportunidades iguais sob o olhar do divino Criador.

Enquanto esses textos bíblicos continuarem mal compreendidos, enquanto a leitura e o estudo das Escrituras forem parciais e destacarem apenas o protagonismo masculino, a totalidade e a beleza do reino de Deus ficarão comprometidos. Ainda assim, como no mito da caverna de Platão, as sombras das mulheres da Bíblia continuarão a contar histórias de fé e a apontar teimosamente para a possibilidade de uma vida plena baseada na cooperação, no respeito e na honra entre homens e mulheres.

## Para refletir

1. Apesar de Jesus possuir tanto discípulos como discípulas, nos Evangelhos só há o relato da escolha dos doze discípulos homens. Teriam os discípulos sido chamados e as discípulas seguido Jesus espontaneamente?

2. Por que, na sua opinião, é muito mais comum encontrarmos estudos bíblicos sobre os discípulos de Jesus que sobre as suas discípulas, como Madalena, Maria e Marta de Betânia?

Artemísia Gentileschi, "Cristo e a samaritana no poço", c. 1637, óleo sobre tela, 267,5×206cm, coleção particular.

# 6
# Uma igreja feminina no anonimato

Já percebeu quantas mulheres sem nome aparecem nos Evangelhos? Os evangelistas perpetuaram a história de cerca de trinta mulheres sem se preocupar em registrar os seus nomes. A quantidade de mulheres que seguiam a Jesus era tão expressiva que os evangelistas, todos homens, não o puderam deixar de ressaltar (Mt 27.55-56; Mc 15.40-41; Lc 8.1-3; 23.49). Lucas abre o seu Evangelho com a narrativa dos primeiros anos de Jesus pelo olhar feminino e destaca o fato de que Jesus era sempre acompanhado pelos discípulos e por muitas mulheres (Lc 8.1-3), encerrando seu texto com a presença de diversas mulheres nomeadas e anônimas como testemunhas da ressurreição (Lc 24.9-10). Entre esses dois textos, Lucas apresenta diversas mulheres anônimas, desde personagens femininos das parábolas a mulheres que de alguma forma interagiram com Jesus.

Quando Jesus se dirigia às multidões ele usava de parábolas. Não é de se estranhar que, como seus ouvintes eram homens e mulheres, também usasse de personagens masculinos e femininos para ensinar as verdades do reino. Através das parábolas, Jesus introduziu homens e mulheres no universo feminino das noivas (Mt 25.1-13), da cozinheira (Mt 13.33), das donas de casa e suas amigas (Lc 15.8-10) e das viúvas (Lc 18.1-8; 21.1-4), ensinando que assim como o fermento leveda a massa de pão o reino de Deus transforma a sociedade trazendo equidade de valores (Lc 13.20-21). As mulheres nas parábolas tornaram-se modelos tanto para as discípulas como para os discípulos. Na mensagem de Jesus não há um ensino para homens e um ensino para mulheres, mas ambos aprendem juntos com exemplos vindos dos dois gêneros. Por meio das parábolas de Jesus, homens e mulheres, privilegiados ou camponeses, entraram no universo feminino e ganharam uma nova perspectiva sobre o reino dos céus.

É interessante observar que, nas narrativas das parábolas, há sempre uma história de protagonismo feminino entre duas histórias de protagonismo masculino. É como se os evangelistas ou mesmo Jesus dessem um destaque especial às parábolas com conteúdo feminino. Observe os seguintes textos:

- Mateus 24.45—25.30: parábola do mordomo infiel / *parábola das dez virgens* / parábola dos talentos;
- Mateus 13.3-50: parábola do semeador e do trigo e joio / *parábola do fermento* / parábola do tesouro, da pérola e da rede;
- Lucas 13.18-30: parábola do grão de mostarda / *parábola do fermento* / parábola da porta estreita;
- Lucas 15.4-32: parábola da ovelha perdida / *parábola da dracma perdida* / parábola do filho pródigo;
- Lucas 16.19—18.14: parábola do rico e Lázaro / *parábola da viúva insistente* / parábola do fariseu e do publicano.

# Nas parábolas de Jesus estão representadas todas as mulheres: jovens noivas, adultas casadas, idosas viúvas, mulheres ricas e mulheres pobres.

Nas parábolas de Jesus estão representadas todas as mulheres: jovens noivas, adultas casadas, idosas viúvas, mulheres ricas e mulheres pobres. Cada uma de suas personagens traz uma lição para mulheres e homens em relação ao reino dos céus sobre vigiar, perseverar, trabalhar, buscar e doar.

Os evangelistas também registraram a cura de mulheres anônimas, seja pela sua própria fé, como a mulher encurvada (Lc 13.10-17) e a mulher com o fluxo de sangue (Mt 9.18-26; Mc 5.25-34; Lc 8.40-56), seja pela fé de algum familiar, como a sogra de Pedro (Mt 8.14-15; Mc 1.29-31; Lc 4.38-39) e a filha de Jairo (Mt 9.18-26; Mc 5.21-43; Lc 8.40-56).

A mulher encurvada padecia de uma enfermidade espiritual havia dezoito anos. Estava em um canto da sinagoga, local reservado às mulheres, provavelmente pedindo a Deus por sua cura. Jesus a viu, se compadeceu dela e tomou a iniciativa de curá-la. Chamou-a, tocou-a, endireitou seu corpo e a mulher triste e oprimida passou a dar glória a Deus. A mulher com o fluxo de sangue padecia havia doze anos de uma doença física que a isolava do convívio social e espiritual. Diferentemente da mulher encurvada, ela é impedida, devido à sua doença, de frequentar a sinagoga. Mas isso não a impediu de tomar a iniciativa em buscar a cura pelo toque em Jesus. Curada, não havia mais como se ocultar em meio à multidão e Jesus a chamou carinhosamente: "Filha, a tua fé te salvou; vai-te em paz". Mesmo as mulheres anônimas em todos os espaços sociais, sofrendo de doenças espirituais ou físicas, são alvo do cuidado de Jesus.

As curas da sogra de Pedro e da filha de Jairo também demonstram muitas semelhanças, apesar das diferenças de idade. Em ambos os casos, as mulheres estão deitadas em suas camas e são erguidas pela mão de Jesus. Em suas curas vemos que mulheres de todas as idades são merecedoras do cuidado de Jesus.

Os evangelistas também perpetuaram a memória de mulheres que tiveram seus filhos curados, como a viúva de Naim (Lc 7.11-17) que o comoveu por sua tristeza e a mulher siro-fenícia (Mt 15.21-28; Mc 7.24-30) cujo argumento de fé Jesus exaltou. Enquanto Jesus tomou a iniciativa de mudar a história da viúva de Naim, é a mulher siro-fenícia que se dirigiu a ele em busca da sua compaixão e ao menos "uma migalha" de cura para sua filha. Seu pedido de socorro veio em meio a lágrimas e adoração. Tamanha foi a fé desta mãe estrangeira, que Jesus não pôde deixar de atendê-la: "Ó mulher, grande é a tua fé! Faça-se contigo como queres". Nesses dois relatos, a força de duas mães que, mesmo anônimas, comoveram a Jesus.

Essas mulheres que tiveram sua vida ou a vida de algum ente querido salva pelo toque da mão do Mestre são com certeza representativas de muitas outras mais cujas histórias não foram registradas pelos evangelistas (Mt 4.23; 9.35; 12.15; Jo 21.25).

Entre as "muitas mulheres" citadas anonimamente nos Evangelhos estavam as que tiveram sua vida transformada e redirecionada pelo perdão e pela compaixão de Jesus, como a mulher pecadora que lhe ungiu os pés (Lc 7.36-49), a mulher adúltera (Jo 8.1-11) e a samaritana (Jo 4.4-26), a qual Jesus dirigiu preciosos ensinamentos e a quem transformou em uma missionária muito eficaz. Após sua conversa com Jesus a samaritana não era mais uma mulher estrangeira, desprezada pelos judeus e sem marido, mas uma líder cristã reconhecida pelos seus compatriotas e pelos discípulos!

As mulheres anônimas que de alguma forma interagiram com Jesus eram de todas as idades, culturas e classes econômicas, sociais e religiosas. Mulheres silenciosas ou atuantes, que não se limitaram ao mundo privado das mulheres, mas serviram, ensinaram, argumentaram, aprenderam e viveram sua fé publicamente, integrando as primeiras comunidades cristãs.

Mesmo anônimas, essas mulheres apontam para a existência de muitas outras que seguiram a Jesus e foram, junto a alguns homens, formando a primeira igreja cristã no mundo. Mulheres que foram a presença forte e real tanto durante o ministério de Jesus como no Pentecostes (At 1.14), enfrentando até mesmo perseguições (At 8.3). Anônimas para os evangelistas e para nós, mas não para Jesus, que as amou, nem para Deus, que escreveu seus nomes para sempre no livro da Vida.

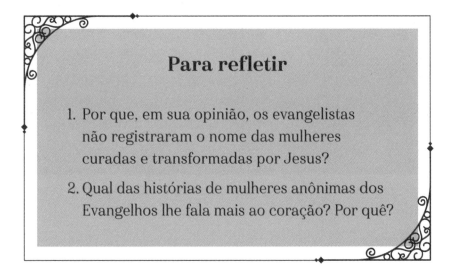

**Para refletir**

1. Por que, em sua opinião, os evangelistas não registraram o nome das mulheres curadas e transformadas por Jesus?
2. Qual das histórias de mulheres anônimas dos Evangelhos lhe fala mais ao coração? Por quê?

Lavinia Fontana, "Cristo na casa de Marta e Maria", c. 1580, óleo sobre tela, Conservatorio di S. Marta.

# 7
# Um pouco de Marta e um pouco de Maria

A história dos três irmãos, Marta, Maria e Lázaro, é desvendada através da leitura dos textos de dois evangelistas: Lucas e João (Lc 10.38-42; Jo 11.1-44; 12.1-2). Nesses textos descobrimos que Marta e Maria residiam na mesma casa na aldeia de Betânia enquanto Lázaro morava em outra casa na mesma aldeia. Presume-se que Lázaro era casado e tinha sua própria família, sendo costume que os parentes chegados da família estendida habitassem casas próximas que compartilhavam do mesmo pátio externo. Os textos não se referem nem a uma esposa nem a filhos de Lázaro, mas isso justificaria o fato de ele não residir com suas irmãs. Como os textos também não trazem nenhuma informação sobre os pais desses irmãos, é provável que já fossem falecidos e que Marta, como irmã mais velha e solteira, tivesse herdado a propriedade da família.

Pelos textos podemos dizer que a casa onde Marta e Maria residiam era grande e com capacidade para alojar muitas pessoas, o que também indica que as duas irmãs possuíam uma estrutura econômica boa e estável. Podemos também perceber que a família era conhecida e estimada pelos judeus dos arredores, que frequentavam sua casa.

A primeira vez que Marta é citada na Bíblia acontece quando Maria toma a iniciativa e convida Jesus e o grupo que o acompanhava a se hospedar em sua casa a caminho de Jerusalém, que distava três quilômetros da aldeia de Betânia. Quando observamos que o grupo que acompanhava Jesus era formado de pelo menos 84 pessoas, sendo 12 discípulos (Lc 9) mais outros 72 discípulos (Lc 10), incluindo homens e mulheres como Maria Madalena (Lc 8), vemos o quanto o convite de Marta foi audacioso. Hospedar na cultura judaica de onde Marta vinha incluía também alimentar a todos! Isso significa que Marta e Maria precisavam criar espaço e fornecer mantas para alojar confortavelmente todos os convidados e que também precisavam se abastecer de alimentos que bastassem para todos.

É nesse contexto que acontece o primeiro relato de conversa entre Jesus e Marta. Atarefada, cansada e preocupada em atender a todos, Marta não consegue encontrar sua irmã mais nova, Maria. Procurando-a, descobre-a sentada aos pés de Jesus, deliciando-se com suas palavras. Indignada, Marta questiona a Jesus: "Senhor, não te preocupa que a minha irmã me deixe sozinha a servir? Diz-lhe, pois, que me venha ajudar". Preocupação digna, pois o trabalho que Marta enfrentava era muito. Jesus, porém, repete seu nome duas vezes: "Marta, Marta". Quando na Bíblia o nome de alguém é repetido duas vezes isso indica um chamamento divino para uma tarefa especial. Foi assim com Abraão (Gn 22.11), Moisés (Êx 3.4) e Saulo (At 9.4). Imagino que o sangue de Marta tenha congelado. Que tarefa Jesus iria lhe dar? E ele continuou: "andas inquieta e perturbada com muitas coisas; mas uma só é necessária. Maria

> Marta descobriu nesse momento que para ser uma discípula de Cristo ela precisava além de praticar o serviço (*diakonia* no grego) praticar a escuta da Palavra de Deus.

◆━━◆

escolheu a melhor parte, que não lhe será tirada". Marta descobriu nesse momento que para ser uma discípula de Cristo ela precisava além de praticar o serviço (*diakonia* no grego) praticar a escuta da Palavra de Deus.

O texto termina abruptamente com Jesus se retirando para orar. Muito provavelmente ele se dirigiu ao monte das Oliveiras, local próximo da aldeia de Betânia. O evangelista Lucas não relata mais nada sobre as duas irmãs. Será no Evangelho de João que encontraremos o segundo e terceiro capítulos dessa história. Agora Jesus está em Jerusalém participando da festa da dedicação do templo. Em Betânia, ao contrário, o clima não era de festa. Lázaro, irmão de Marta e de Maria, estava doente. Preocupadas com a saúde do irmão querido e sabendo que Jesus não estava muito longe, as irmãs enviam-lhe uma mensagem: "Senhor, aquele que amas está doente". O texto aqui deixa entrever uma forte ligação entre Jesus e as irmãs, sobretudo uma grande amizade entre Jesus e Marta: "Jesus era muito amigo de Marta, da sua irmã Maria e de Lázaro".

Apesar disso, após receber a mensagem Jesus esperou dois dias para se dirigir a Betânia. Pôs-se a caminho com seus discípulos e discípulas. Ainda não havia entrado na aldeia e já se podia ver o tumulto e ouvir o burburinho das vozes dos muitos judeus que haviam vindo para dar os pêsames às irmãs. Lázaro tinha falecido já havia quatro dias. A notícia da proximidade de Jesus chegou rapidamente aos ouvidos de Marta, e esta correu ao seu encontro. Mais uma vez, indignada, Marta questiona Jesus: "Senhor, se estiveras aqui, não teria morrido meu irmão". Mas dessa vez Marta já não é a mesma mulher: ela aprendeu que o discípulo é também aquele que ouve a Palavra. E assim Marta acrescenta: "Mas também sei que, mesmo agora, tudo quanto pedires a Deus, Deus to concederá".

Percebendo que Marta agora já é uma discípula amadurecida na fé, Jesus lhe reserva um de seus maiores ensinamentos: "Eu sou a ressurreição e a vida. Quem crê em mim, ainda que morra, viverá" (Jo 11.25). E Marta, em contrapartida, faz uma declaração de fé comparável à do apóstolo Pedro: "Sim, Senhor [...] eu tenho crido creio que tu és o Cristo, o Filho de Deus que devia vir ao mundo" (compare com Mt 16.16). Irmãs e complementares no discipulado, Marta vai em busca de Maria para que esta também se encontre com o Mestre. Enquanto no Evangelho de Lucas Maria não tem voz, apenas ouvidos, no Evangelho de João Maria cai aos pés de Jesus, em prantos, e repete a mesma indignação de sua irmã: "Senhor, se estiveras aqui, meu irmão não teria morrido". Comovido pelas lágrimas de Maria, Jesus chora. Não é um pranto de tristeza, mas um choro de empatia, vindo da comunhão de corações entre Jesus e as duas irmãs.

O choro logo deu lugar a gritos de alegria: Jesus aproximou-se do túmulo, ordenou que a pedra fosse retirada e gritou: "Lázaro, vem para fora!". E o milagre aconteceu: Lázaro ressuscitou! O corpo sem vida começa a se mover com dificuldade.

> É por isso que as duas irmãs, Marta, Maria são lembradas e celebradas juntas. Duas irmãs, duas formas de discipulado. A disposição de servir de Marta se completa com a disposição de ouvir, aprender de Maria.

◆―◆―◆

Mãos e pés atados, lenço sobre o rosto. Jesus diz: "Desatai-o e deixai-o ir". E Lázaro vai. Vai ao encontro do abraço de suas irmãs queridas e ao encontro daquele que é a ressurreição e a vida: Jesus.

Dias depois, Jesus retorna à aldeia de Betânia, novamente a caminho de Jerusalém. É a sua última semana de vida na terra. Sabedor de tudo a que seria submetido no Calvário, Jesus busca por seus amigos Marta, Maria e Lázaro. Eles fazem parte de um grupo de discípulos especiais. São dos poucos que conhecem a intimidade do Mestre e podem compreender a angústia pela qual seu coração passava. Mais uma vez Marta toma a iniciativa de convidar Jesus para um jantar. Marta, discípula-diaconisa, serve. Prepara o melhor prato possível para que Jesus encontre um pouco de conforto em um jantar quente e saboroso. Lázaro senta-se à mesa com o amigo Jesus. Conversa com ele, tenta distraí-lo, animá-lo nessa noite de preparação para a Páscoa que se aproxima. E Maria, passional como sempre, escolhe um de seus mais preciosos e caros perfumes:

nardo. Uma escolha que não foi por acaso, já que o nardo possui propriedades sedativas, capazes de aplacar a insônia. E ela vem até Jesus, aproxima-se e coloca-se a seus pés mais uma vez. Só que desta vez Maria não quer ouvir suas palavras nem está a chorar. Ela derrama o frasco inteiro de perfume de nardo nos pés do Mestre, massageando-os com carinho e enxugando-lhes com os seus próprios cabelos soltos que lhe caíam pelos ombros. O texto bíblico diz que "encheu-se toda a casa com o perfume do bálsamo". Maria fez a sua parte para mitigar o sofrimento pelo qual seu amado Mestre passava: ela lhe deu o que tinha de melhor e ainda o ajudou a relaxar para uma boa noite de descanso após o jantar.

É por isso que as duas irmãs, Marta, Maria são lembradas e celebradas juntas. Duas irmãs, duas formas de discipulado. A disposição de servir de Marta se completa com a disposição de ouvir, aprender de Maria. Marta e Maria se transformam no decorrer das três histórias em que aparecem na Bíblia. Marta que servia passa também a ouvir e aprender, e Maria que ouvia e aprendia passa também a servir. Nas duas irmãs, a totalidade do discípulo de Cristo.

## Para refletir

1. As irmãs Marta e Maria tinham suas diferenças, mas também tinham algo em comum: o amor ao e do Mestre Jesus. Como Marta e Maria juntas representam o ideal de uma discípula de Jesus?

2. Se Jesus viesse à sua casa um pouco antes de sua prisão e morte, você agiria como Marta, como Maria ou como Lázaro?

Lavinia Fontana, "Cristo aparece a Maria Madalena", c. 1581, óleo sobre tela, 80x65cm, Galleria Uffizi.

# 8
# Maria Madalena, uma história a ser resgatada

Muito já se escreveu sobre essa enigmática mulher. Desde o período bizantino seu rosto já foi imaginado por centenas de artistas, ora sendo retratada como devota e recatada, ora como sensual e despudorada. Somando-se os filmes e novelas que a utilizaram como personagem já temos mais de uma centena de películas. Muitos ainda a associam erroneamente à mulher adúltera (Jo 8.1-11) ou à mulher pecadora que ungiu os pés de Jesus (Lc 7.36-50), dando origem à expressão "Madalena arrependida". Apesar de ser a mulher mais citada nos Evangelhos, aparecendo catorze vezes nos textos de Mateus, Marcos, Lucas e João, pouco se sabe desta que foi a primeira testemunha da ressurreição de Jesus.

O evangelista Lucas a apresenta como sendo uma mulher a quem Jesus livrou de sete demônios e que após essa libertação passou a segui-lo e a sustentá-lo bem como aos discípulos durante o seu ministério terreno. Lucas também a relaciona com outras mulheres que participavam juntamente com Madalena do sustento do ministério de Cristo. São elas Joana, mulher de um administrador de Herodes, e uma mulher simplesmente identificada como Suzana. Diz o texto: "andava Jesus de cidade em cidade e de aldeia em aldeia, pregando e anunciando o evangelho do reino de Deus, e os doze iam com ele, e também algumas mulheres que haviam sido curadas de espíritos malignos e de enfermidades: Maria, chamada Madalena, da qual saíram sete demônios; e Joana, mulher de Cuza, procurador de Herodes, Suzana e muitas outras, as quais lhe prestavam assistência com os seus bens" (Lc 8.2-3).

Apesar de breve, desse texto podemos extrair diversas informações sobre Maria Madalena: ela havia padecido de um mal muito sério e sido curada por Jesus; era uma mulher com posses financeiras; possuía liberdade de ir e vir bem como de dispor de seus bens como assim desejasse; e acompanhou Jesus desde o início de seu ministério. No primeiro século, quando a história de Maria Madalena se desenvolveu, não havia uma compreensão completa sobre as doenças físicas e mentais. Muitas doenças eram relacionadas a questões espirituais pelo desconhecimento e pelo espanto que geravam. Como o número sete é representativo na cultura judaica de "totalidade", "completude", é muito provável que sua associação à doença de que Maria Madalena padecia era uma forma de demonstrar a severidade desse mal. Os sete demônios de que o texto fala poderiam ser na verdade a representação de uma doença extremamente grave e não necessariamente uma possessão demoníaca como alguns supõem.

Quando lemos os demais textos em que Maria Madalena aparece nos Evangelhos descobrimos mais uma importante informação. Sempre que Madalena é citada junto a outras mulheres, seu nome aparece em primeiro lugar. Isso é uma

> Sempre que Madalena é citada junto a outras mulheres, seu nome aparece em primeiro lugar. Isso é uma indicação de seu papel de liderança perante as mulheres que acompanhavam Jesus e os discípulos.

◆━━━◆

indicação de seu papel de liderança perante as mulheres que acompanhavam Jesus e os discípulos. Nos Evangelhos enquanto entre os homens é sempre dado destaque a Pedro, entre as mulheres esse destaque é dado a Maria Madalena. Isso nos leva a perceber que o grupo de discípulos de Jesus se dividia em homens liderados por Pedro e mulheres lideradas por Maria Madalena.

A próxima menção nominal a Maria Madalena acontece no último dia de vida de Cristo, já em sua crucificação. Três dos quatro evangelistas registram sua presença nessa cena terrível: Mateus, Marcos e João. Mateus a coloca junto às várias mulheres "que vinham seguindo a Jesus desde a Galileia para o servirem", destacando entre estas, nesta ordem: "Maria Madalena, Maria, mãe de Tiago e de José, e a mulher de Zebedeu" (Mt 27.55-56). Marcos, por sua vez, também destaca Maria Madalena, Maria, mãe de Tiago o menor e de José, e Salomé, e registra que além das mulheres que o serviam desde a Galileia havia outras que se juntaram ao grupo em Jerusalém (Mc 15.40-41). João é o único que dá destaque à mãe de Jesus no cenário da crucificação, colocando Maria Madalena ao fim de uma lista com quatro mulheres ao pé da cruz: "a mãe de Jesus, a irmã dela, Maria mulher de Cleopas, e Maria Madalena" (Jo 19.25). Mesmo não encabeçando esta última lista, há um destaque perceptível à presença de Maria Madalena. Curiosamente também, o único nome coincidente nas três listas é o de Maria Madalena, como que a enfatizar a importância dessa mulher perante os discípulos de Cristo e mesmo para Jesus.

Devido a essa proximidade com o Mestre, foi Maria Madalena também quem pôde acompanhar Maria na retirada do corpo de Jesus da cruz e testemunhar seu sepultamento em um túmulo emprestado por um discípulo com posses: José de Arimateia. Sua presença nesse momento de luto é atestada pelo evangelista Mateus, que registra: "Achavam-se ali, sentadas em frente da sepultura, Maria Madalena e a outra Maria" (Mt 27.61), e pelo evangelista Marcos: "Maria Madalena e Maria, mãe de José, observaram onde ele foi posto" (Mc 15.47). Segundo a tradição judaica era função dos familiares do morto preparar seu corpo para o sepultamento. A presença de Maria Madalena junto à mãe e à tia de Jesus durante o envolvimento na mortalha e guarda do seu corpo no túmulo é uma evidência da sua relação de proximidade tanto com Cristo como de sua família.

O único fato relacionado a Maria Madalena que é atestado pelos quatro evangelistas é a sua presença na ressurreição de Jesus, tamanha é a importância de seu testemunho desse evento (Mt 28.1-9; Mc 16.1-9; Lc 24.10; Jo 20.1-18). Enquanto na cultura patriarcal judaica uma mulher não poderia, exceto em situações muito específicas, ser testemunha em um tribunal,

# Foi a partir do testemunho de Maria Madalena que o cristianismo veio a se estabelecer.

◆━━━◆━━━◆

é a uma mulher que é conferida essa tarefa primordial no cristianismo. Foi a partir do testemunho de Maria Madalena que o cristianismo veio a se estabelecer. Três dos textos enfatizam a presença de outras mulheres com Maria Madalena na tarefa da unção do corpo de Cristo: Maria (em Mateus), Maria, mãe de Tiago e Salomé (em Marcos), e Joana, Maria, mãe de Tiago, e outras anônimas (em Lucas). Mateus relata a aparição tanto do anjo como de Jesus às mulheres em geral. Marcos relata a visão do anjo por todas, mas enfatiza que apenas Maria Madalena viu e falou com o Cristo ressurreto. Lucas, por sua vez, não se refere à aparição de Jesus, mas sim à de dois anjos. João refere-se apenas à presença de Maria Madalena e é também quem mais detalhes dá sobre a relação entre ela e Jesus, relatando a aparição de anjos apenas a Madalena.

Segundo o relato do evangelista João, Maria Madalena teria ido ao túmulo na madrugada do domingo seguido ao sepultamento de Jesus e encontrado o túmulo violado, com a pedra que o vedava retirada de seu lugar. Sem nenhum relato de visões de anjos, Maria Madalena teria retornado ao local onde os discípulos se encontravam escondidos, amedrontados com os fatos dos últimos dias do Mestre. Conta o texto que ela retornou ao túmulo acompanhada por Pedro e outro discípulo que entraram e presenciaram os panos que envolviam o corpo de

Cristo vazios como se este tivesse evaporado. Os dois homens teriam retornado ao esconderijo e Maria Madalena permanecido junto ao túmulo, chorando. É então que se dá a aparição de dois anjos, desta vez no interior do túmulo, que se dirigem a Maria Madalena questionando sobre seu choro. Interessante perceber que embora o evangelista se refira à aparição de seres angelicais, a resposta de Madalena não demonstra espanto: "Porque levaram o meu Senhor, e não sei onde o puseram". O texto continua com a mesma pergunta: "Mulher, por que choras?" sendo repetida a Madalena, desta vez por detrás de si. Agora, Maria Madalena identifica o autor da pergunta como sendo um jardineiro e se dirige ao mesmo: "Senhor, se tu o tiraste, dize-me onde o puseste, e eu o levarei". Cega pela tristeza, surda pela dor, Maria Madalena não consegue perceber que aquele ao seu lado era na verdade o seu Mestre Amado ressurreto.

Foi então que ouviu uma voz tão conhecida a lhe chamar docemente pelo nome: "Maria". Coração aos pulos, seus olhos se clareiam, seus braços se abrem e seu corpo a impulsiona em direção da voz agora reconhecida. Com as lágrimas ainda a correr-lhe pela face, mas agora com o semblante transformado em sorriso, Maria Madalena exclama em reconhecimento e amor: "Raboni!", Mestre! Amado de minha alma! Apesar de comovido pelo amor e pela dedicação dessa mulher, Jesus precisa se conter e contê-la pois a ela seria legada uma tarefa que mudaria o mundo: "vai ter com meus irmãos e dize-lhes: Subo para *meu Pai e vosso Pai, para meu Deus e vosso Deus*". Será Maria Madalena a portadora de uma mensagem nova ao mundo: Deus é nosso Pai!

E, assim, uma simples mulher alcança papel de destaque no cristianismo: testemunha principal do evento que dá razão de ser de uma nova religião, uma religião dos filhos de Deus, irmãos de Jesus.

## Para refletir

1. Como você imagina que seria a liderança de Maria Madalena junto ao grupo das discípulas de Jesus? Quais seriam suas responsabilidades?

2. De que maneira a perseverança de Maria Madalena junto ao túmulo de Jesus influenciou a fé na ressurreição de Jesus?

Plautilla Nelli, "Lamentação com os Santos" (detalhe), c. 1550, óleo sobre painel, 288x192cm, Museo di San Marco.

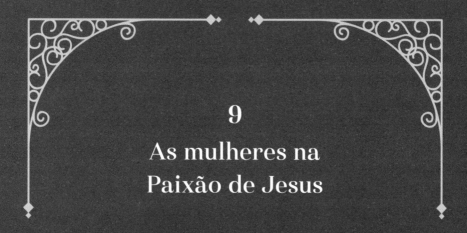

# 9
# As mulheres na Paixão de Jesus

Jesus Cristo viveu apenas 33 anos neste mundo. Nesses anos, esteve acompanhado de homens e mulheres que, enquanto "bebiam" de seu conhecimento e amor, o auxiliavam em seu ministério (Lc 8.1-3). E, desses 33 anos de vida, uma semana em especial se destaca: a chamada Semana Santa. Em apenas sete dias aconteceram os fatos mais marcantes de sua vida que deram origem a uma religião que cresceu e abraçou o mundo inteiro: o cristianismo.

Os dias da última semana de Jesus Cristo neste mundo continuam a impactar a vida dos cristãos, sendo o momento central de sua crença e liturgia e também dos não cristãos através de filmes, peças teatrais e músicas neles inspirados. A Semana Santa contém os episódios mais sofridos e dolorosos da vida de Cristo. Então, por que essa semana especial recebe também o título "Paixão de Cristo"? O termo "paixão" provém do latim *passio*, que indica sofrimento. No grego, a língua original em que os Evangelhos que narram a vida de Jesus foram escritos, encontramos o verbo *páscho*, traduzido como sofrer, padecer. Nesses textos, o próprio Jesus antevê seu sofrimento e morte: "Assim também o Filho do Homem há de padecer nas mãos deles" (Mt 17.12; Mc 9.12).

O termo "Paixão de Cristo", portanto, não tem em sua origem etimológica o sentido de arrebatamento amoroso como alguns podem supor, mas sim de sofrimento. Apesar disso, os eventos e os sofrimentos físicos, espirituais e mentais de Jesus nas horas que antecederam seu julgamento e execução demonstram de forma emocionante seu amor pela humanidade pela qual estava prestes a se sacrificar. Nesses últimos dias de sua vida, Jesus, demonstrou sua humanidade enfrentando o medo, a solidão e a dúvida. Os evangelistas registraram que nessas horas mais difíceis, as mulheres, suas discípulas, estiveram sempre por perto, animando-o, consolando-o e fortalecendo-o com seu amor apaixonado.

Jesus separou os doze discípulos à parte e explicou claramente o que aconteceria após sua entrada em Jerusalém (Mc 10.32-34), mas não foram os doze que compreenderam sua mensagem, e sim algumas mulheres que o seguiam e serviam. Antes da entrada triunfal em Jerusalém, Jesus foi até Betânia, cidade em que se sentia acolhido e amado por Maria, Marta e Lázaro, seus discípulos e irmãos na fé. Conhecendo já de antemão o sofrimento pelo qual em breve passaria, Jesus buscou o conforto junto aos amigos. E é em Betânia que será ungido duas vezes por mulheres. O primeiro relato é da unção realizada por Maria enquanto Marta servia a ceia a Jesus, Lázaro e aos discípulos. Maria se aproximou com cerca de meio litro de um perfume que custava um ano de trabalho! E, ao invés de entregá-lo como oferta ao tesoureiro do grupo, Judas, abriu o frasco e derramou-o sobre os pés do Mestre, enxugando-os

> Os evangelistas registraram que nessas horas mais difíceis, as mulheres, suas discípulas, estiveram sempre por perto, animando-o, consolando-o e fortalecendo-o com seu amor apaixonado.

---

com seus cabelos. "E encheu-se a toda a casa com o perfume do bálsamo" (Jo 12.3), e o coração de Jesus encheu-se com o amor daquela mulher: "Deixa-a! Que ela guarde isto para o dia em que me embalsamarem" (Jo 12.7).

Um relato paralelo ocorre em Mateus (26.6-13) e Lucas (14.3-9), mas desta vez, na Quarta-feira Santa, em casa de Simão, o leproso, também em Betânia. Agora, a mulher é anônima, mas seu amor por Jesus é tão caro e forte como o de Maria e se materializa na unção da cabeça de Jesus com um perfume de alto preço. Um ato de amor e honra (Sl 23.5) mas também de fé na mensagem do Messias. Os discípulos agiram como Judas, sem perceber o simbolismo desse ato. Mas a unção pelas mulheres nos mostra como estas compreenderam que a missão de Jesus estava próxima de ser completada. É o próprio Cristo que afirma: "Ela fez o que pôde: antecipou-se a ungir-me para a sepultura. Em verdade vos digo: onde for pregado em todo o mundo o evangelho, será também contado o que ela fez, para memória sua" (Mc 14.9).

Poucos dias depois, amanheceu o dia mais triste da história. Jesus, o Filho de Deus, está para ser morto após ter sido cruelmente espancado e humilhado. Mas o sofrimento ainda continuaria até o fim do dia. Forçado a carregar uma cruz sobre os ombros machucados em carne viva e sangue, Jesus precisa ainda percorrer um longo caminho do Pretório ao Calvário. Os doze discípulos, companhia constante nos três anos de ministério, fugiram, amedrontados. Ficaram as discípulas. Mulheres invisíveis para a cultura patriarcal do seu tempo. Mulheres que seguiram, serviram e aprenderam de Jesus por três anos de suas vidas (Mt 27.55-56; Mc 15.40-41). Mulheres que se deixaram invadir pelo amor de Deus, aprenderam a amar incondicionalmente seu Mestre e Senhor e entenderam mais do que ninguém a missão de Jesus como o Messias, o Cordeiro de Deus! Marta já o declarara: "Tu és o Cristo, o Filho de Deus que devia vir ao mundo!" (Jo 11.27). Foram elas que, com o coração sangrando de dor por verem o sofrimento do seu amado, o acompanharam por toda a *via crucis* e permaneceram aos pés da cruz. Meu Deus! Como conseguiram forças para isso? Mas sua força com certeza ajudou a sustentar Jesus, pois ele olhou para elas e disse com todo o seu amor: "Filhas de Jerusalém, não choreis por mim" (Lc 23.27-28). Maria Madalena, Maria mãe de Jesus, Salomé, Maria, mulher de Cleópas, e outras tantas discípulas que não o deixaram até seu último suspiro: "Mulher, eis aí teu filho" (Jo 19.26). Mulheres invisíveis para a sociedade, mas não para Jesus!

Maria Madalena, Maria, Salomé, Joana e as outras discípulas de Jesus mal conseguiam aguardar o amanhecer do Domingo de Páscoa. Após uma sexta-feira extenuante de dor e sofrimento, seguiu-se um sábado vazio, sem sentido, sem vida. Mas algo em seus corações dizia que a história ia mudar (Lc 23.55—24.1). Mal a escuridão do sábado se

> Mulheres que se deixaram invadir pelo amor de Deus, aprenderam a amar incondicionalmente seu Mestre e Senhor e entenderam mais do que ninguém a missão de Jesus como o Messias, o Cordeiro de Deus!

---

foi e elas correram com os unguentos para o local onde seu amado fora sepultado (Jo 20.1). A cada passo que davam seus corações saltavam aos pulos com a expectativa do que encontrariam. Teriam ajuda para remover a pesada pedra? Conseguiriam chegar perto daquele a quem amavam e de quem sentiam tanto a falta? Ainda era escuro o dia, mas o túmulo estava iluminado por uma luz celestial. Um anjo, assentado sobre a pedra, se dirigiu a elas, simples mulheres: "Não temais, ele não está aqui; ressuscitou como tinha dito" (Mt 28.5-6) E a paz de Deus, que excede todo o entendimento, preencheu seus corações e transbordou em grande alegria. Foi a elas, mulheres, que o anjo conferiu a tarefa: "Ide depressa e dizei aos discípulos que ele ressuscitou dos mortos" (Mt 28.7).

Mas a alegria maior ainda estava por vir, pois o próprio Cristo ressurreto veio ao seu encontro. Com lágrimas de alegria, corações aos saltos, braços estendidos em sua direção e joelhos dobrados em adoração, as mulheres receberam novamente a tarefa: "Não temais! Ide!" (Mt 28.9-10). E voltando-se para Maria Madalena, Jesus a chamou carinhosamente pelo nome e lhe conferiu a missão de dizer a todos os seus seguidores que em Cristo somos todos irmãos, filhos de Deus (Jo 20.17). "E, voltando do túmulo, anunciaram todas estas coisas aos onze e a todos mais que com eles estavam" (Lc 24.9) Jesus chamou mulheres para testemunharem de sua ressurreição, apesar de ninguém acreditar que elas pudessem fazer alguma diferença. Mas sua escolha e a seriedade com que elas desempenharam sua missão fizeram toda a diferença! Pelo seu amor e dedicação ao Mestre, as mulheres foram responsáveis pela maior notícia de toda a eternidade: ele está vivo! Uma notícia que ainda hoje reverbera em todos os cantos do mundo aonde o cristianismo chegou. As mulheres desempenharam seu papel na Paixão de Jesus e ainda hoje são as responsáveis pela continuidade de sua mensagem, sendo a maioria nas igrejas cristãs em todo o mundo.

## Para refletir

1. Você já havia percebido como as mulheres foram importantes na semana da Paixão de Jesus? O que isso nos ensina sobre essas discípulas?

2. A importância das mulheres para Jesus se reflete atualmente na importância delas nas igrejas cristãs?

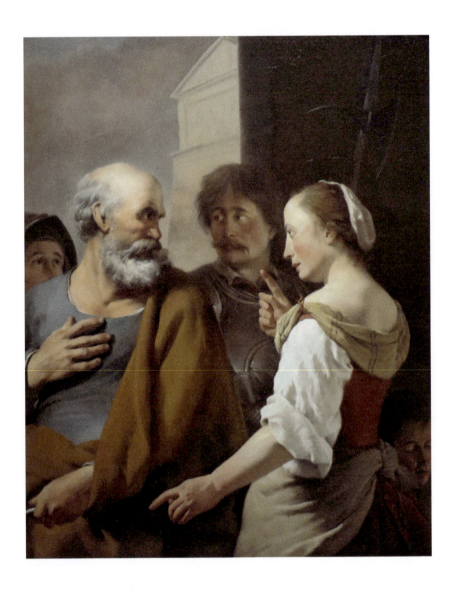

Karel Dujardin, "A negação de Pedro", c. 1663, óleo sobre tela, 119,4x104,1cm, Norton Simon Art Foundation.

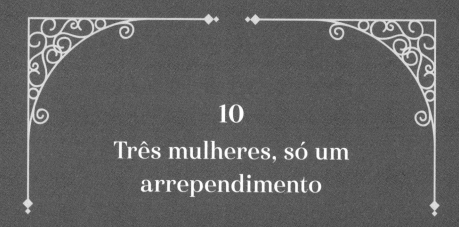

# 10
# Três mulheres, só um arrependimento

As mulheres, discípulas fiéis e amadas de Jesus, estiveram junto a ele em todos os momentos da preparação para o Gólgota, junto à cruz e junto à sepultura, sendo as primeiras testemunhas de sua ressurreição. Mas no dia da prisão de Jesus, no dia que ficou conhecido como Quinta-feira Santa, outras três mulheres também tiveram papel de destaque.

Jesus, sabendo de antemão tudo o que lhe sucederia, atravessou o ribeiro do Cedrom e dirigiu-se ao jardim junto ao monte das Oliveiras com seus discípulos. O Evangelho de João diz que este era um local ao qual Jesus ia frequentemente (Jo 18.1-2). A Bíblia não é clara se apenas os doze o acompanharam até o jardim ou também as discípulas, mas os evangelistas Mateus e Marcos ressaltam que dentre os que o acompanhavam, Jesus chamou em especial Pedro, Tiago e João para estarem junto a ele em um momento de extrema angústia e solidão (Mt 26.37; Mc 14.33). Três discípulos chamados para dar apoio e companhia (Mt 26.38), como foram três os amigos, Marta, Maria e Lázaro (Jo 12.1-7), em quem Jesus havia buscado conforto menos de uma semana antes, em Betânia. Mas, ao contrário dos três irmãos de Betânia que compartilharam da dor de Jesus, o trio de discípulos se deixou vencer pelo sono e por três vezes foram repreendidos. A Pedro, em especial, Jesus alertou dizendo: "Simão, tu dormes? Não pudeste vigiar nem uma hora? Vigiai e orai, para que não entreis em tentação; o espírito, na verdade, está pronto, mas a carne é fraca" (Mc 14.37-38).

O sonolento Pedro, porém, despertou assim que os soldados romanos junto com os guardas a serviço dos sumos sacerdotes e fariseus chegaram guiados por Judas para prender Jesus. E, tomando da espada, Pedro arremeteu contra Malco, servo do Sumo Sacerdote, cortando-lhe a orelha (Jo 18.10). Jesus, repreendendo Pedro, curou o servo (Lc 22.51). Por amor, o Filho de Deus deixou-se prender e foi conduzido atado pelas mãos até o sumo sacerdote Anás. Todos os discípulos fugiram (Mt 26.56), menos Pedro, que seguiu Jesus de longe (Mt 26.58; Lc 22.55). Conseguiu um lugar perto da fogueira onde os guardas e soldados se aqueciam no pátio e sentou-se entre eles.

Longe de Jesus, mas perto de seus captores, vemos um Pedro confuso e amedrontado. Foi então que Pedro, chamado de a rocha, tão voluntarioso a ponto de defender Jesus pela espada, se deixou intimidar diante de duas mulheres, duas criadas, e negou Jesus três vezes. A primeira das criadas do sumo sacerdote fixou o olhar longamente sobre Pedro e denunciou: "Tu também estavas com Jesus, o Nazareno!" (Mt 26.69; Mc 14.66). Naquele olhar firme Pedro sentiu a primeira reprovação divina sobre seu coração inseguro e fraco e negou assustado: "Não sei e nem entendo o que dizes". E o galo cantou a primeira vez.

> Longe de Jesus, mas perto de seus captores, vemos um Pedro confuso e amedrontado. Foi então que Pedro, chamado de a rocha, tão voluntarioso a ponto de defender Jesus pela espada, se deixou intimidar diante de duas mulheres, duas criadas, e negou Jesus três vezes.

◆────◆────◆

Pedro fugiu para longe dos soldados e guardas, dirigindo-se para a porta, tentando ocultar-se da vista de todos. Mas não pôde se ocultar de Deus, que moveu outra criada de Anás para expor a fraqueza de Pedro: "Este também estava com Jesus, o Nazareno!" (Mt 26.71). Pedro, acuado, jurou não conhecer Jesus. Depois das duas mulheres, aqueles que estavam junto à fogueira se voltaram também para Pedro e igualmente o identificam como seguidor de Jesus. Mas Pedro não se comportou como um discípulo do Mestre e se transformou soltando palavrões e jurando sucessivas vezes não conhecer Jesus. E como se soasse um gongo, o galo cantou novamente (Mt 26.73-74). Agora não era mais o olhar da criada que se fixou em Pedro, mas sim o de Jesus que, de dentro da casa do sumo sacerdote, voltou-se em sua direção. E o primeiro dos doze discípulos, apelidado de a rocha, desfez-se em copioso pranto arrependendo-se de suas atitudes covardes (Lc 22.61-62).

Duas mulheres e um animal: dois seres considerados inferiores na criação divina segundo a ótica judaica de Pedro, mas não para o Criador. Duas mulheres anônimas e invisíveis, apenas duas criadas de Anás, mas que foram o instrumento de Deus para quebrar o coração de pedra de Pedro (Mt 26.76). O primeiro dos discípulos se tornou um dos principais líderes da igreja primitiva, mas para que isso acontecesse, teve seus medos e suas fraquezas expostos por duas mulheres.

Na mesma noite, perto dali uma mulher estava angustiada. Não conseguia dormir. Sabia que seu marido estava para se tornar responsável pelo julgamento e condenação de um justo. A esposa anônima de Pôncio Pilatos já ouvira falar de Jesus. Talvez até tivesse estado em uma ou outra de suas pregações. Não se conformava com sua prisão, tortura e possível morte. Estava agitada. Precisava encontrar um meio de tentar ajudar Jesus, um meio de alertar seu marido do erro que cometeria se o condenasse a morte. Assim que amanheceu o dia que ficaria conhecido como Sexta-feira Santa, correu ao palácio em busca de seu esposo. Chegando lá, encontrou Pilatos muito admirado com a pessoa de Jesus e com suas respostas às perguntas que lhe havia dirigido (Mt 27.13). Enquanto Pilatos estava sentado no tribunal, questionando-se sobre a pertinência desse julgamento, sua esposa se aproximou e suplicou: "Não te envolvas com esse justo; porque hoje, em sonho, muito sofri por seu respeito" (Mt 27.19). A partir de então Pilatos procurou maneiras de libertar Jesus, argumentando com os judeus até ao meio-dia, mas não encontrou uma saída (Jo 19.12-16). Lembrando das palavras de sua esposa, Pilatos pediu que lhe trouxessem água e simbolicamente lavou suas mãos à vista de todo o povo dizendo: "Estou inocente do sangue deste justo". Sem conseguir confrontar-se com os líderes judeus, Pilatos optou pela omissão e entregou-lhes Jesus para ser crucificado (Mt 27.24-26).

Três mulheres anônimas que se envolveram de alguma forma nos últimos dias da Paixão de Jesus. Três mulheres anônimas usadas por Deus para desafiar dois grandes homens: Pedro e Pilatos. Pedro, acusado, acuado, amedrontado, reagiu primeiramente mal, mas deu-se conta de seu erro, arrependeu-se e tornou-se um verdadeiro discípulo de Jesus, pronto a sacrificar-se pela fé. Anos depois seria martirizado em Roma, crucificado de cabeça para baixo, segundo textos fora da Bíblia. Mas, ao contrário de Pedro, Pilatos não conseguiu mudar a história de sua vida. Apenas lavar as mãos não tornou seu coração mais limpo.

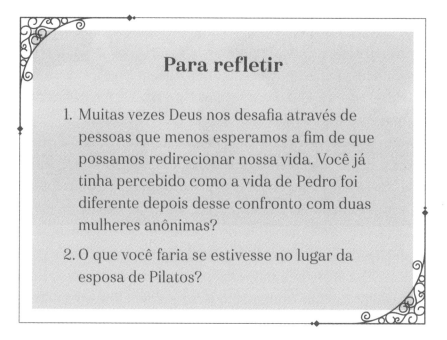

### Para refletir

1. Muitas vezes Deus nos desafia através de pessoas que menos esperamos a fim de que possamos redirecionar nossa vida. Você já tinha percebido como a vida de Pedro foi diferente depois desse confronto com duas mulheres anônimas?

2. O que você faria se estivesse no lugar da esposa de Pilatos?

Artemisia Gentileschi, "Susana e os anciãos", c. 1622, óleo sobre tela, 162,5x121,9 cm, Burghley House.

# 11
# Judaísmos, cristianismos e mulheres no primeiro século

Quando pensamos no tempo de Jesus e nos primeiros cristãos, é comum imaginarmos um único tipo de judaísmo existente. Mas isso não era a realidade da época. Na verdade, no primeiro século, na Judeia e Samaria conviviam diversos tipos de judaísmos. Alguns deles aparecem mesmo na Bíblia, como os fariseus, saduceus, batistas e zelotes, mas também os herodianos, essênios, entre outros. Cada um desses possuía diferentes ideias sobre o Messias e sobre a relação com o estado romano. Mas os judeus haviam se espalhado por todo o mundo conhecido também. Havia cerca de oito milhões de judeus na dispersão, principalmente em Alexandria, Cirenaica (Norte de África), Babilônia, Antioquia, Éfeso e Roma. O historiador do primeiro século Estrabão (63 a.C.–23 d.C.) disse que o povo judeu "insinuou-se em toda cidade; não é fácil encontrar lugar no mundo habitável que não tenha recebido essa nação e em que não tenha ela feito sentir seu poder". Filon de Alexandria (25–45 d.C.) confirmou esse fato dizendo: "Os judeus são tão numerosos que não podem ser contidos num só país, e por isso se instalam em muitos países prósperos da Europa e Ásia".

Os judeus viviam sob a influência helênica desde a conquista da Palestina por Alexandre o Grande em 323 a.C., e principalmente após o governo de Antíoco IV Epifânio (175–164 a.C.), que estabeleceu impositivamente o helenismo cultural e religioso sobre a região. Quando ocorre a ocupação romana com a tomada de Jerusalém por Pompeu (63 a.C.), uma grande parcela de judeus já vivia harmonicamente com a cultura helênica, convivendo nos ginásios, teatros e mercados, embora mantivessem suas práticas religiosas judaicas. Estes eram conhecidos como judeus helenizados. Os judeus helenizados eram em maior número, pois além da Palestina estavam em todas as regiões da diáspora, na Ásia, África e Macedônia (Europa), correspondendo a 10% da população do Império Romano. Um pequeno grupo, porém, mantinha-se separado religiosa e culturalmente, conservando-se ortodoxos perante todas essas influências culturais. Esse grupo encontrava-se em maior número na região da Judeia.

Uma das grandes diferenças entre esses dois grandes grupos era o tratamento e as liberdades dispensadas às mulheres. O grupo mais ortodoxo seguia os parâmetros traçados no retorno do exílio na Babilônia culpabilizando as mulheres pelos desvios do povo e consequentemente pelo castigo do exílio. Nesse grupo surgiram diversos textos de rabinos e sábios voltados a levar os judeus a evitarem a tentação e o pecado que emanam da mulher. Dentre esses textos podemos citar as leis da modéstia (*Tzeniut*), que instituíam que as mulheres deviam sempre usar roupas discretas que cobrissem todo o corpo, trazer os cabelos cobertos quando casadas e manter-se sempre longe do contato físico dos homens que não fossem seus esposos. As leis da modéstia também silenciavam a mulher, pois defendiam que ouvir o canto feminino era equivalente a ver sua nudez. A presença na sinagoga lhes era permitida, embora criasse uma separação física (*mechitza*) entre homens e mulheres.

O livro de Ben Sira ou Eclesiástico, escrito entre 190 e 124 a.C. por um judeu em Jerusalém, traz diversos conselhos sobre a conduta protetiva contra a influência das mulheres: "Menos dano te causará a malvadez de um homem do que a bondade de uma mulher; uma mulher causa vergonha e injúria" (42.14). Como consequência às restrições impostas às mulheres judias após o retorno do exílio, o segundo templo, construído em Jerusalém, terá uma alteração no projeto inicial dado por Deus à Salomão: agora as mulheres deverão permanecer separadas em um átrio externo: o pátio das mulheres (*Ezrat Nashim*). O judaísmo ortodoxo passa a definir para a mulher um papel biológico como mãe e procriadora, socialmente dependente (primeiramente do pai e depois do marido) e vista como intelectualmente limitada, incapaz de compreender a Torá. Apesar disso, as mulheres no judaísmo ortodoxo ainda podem compor o quórum mínimo das orações comunitárias, embora não possam dirigi-las nem ler a Torá publicamente. Também lhes é mantido o papel de "sacerdotisas do lar", sendo responsáveis pelo ensino das histórias da Torá às crianças, por acender as velas no sábado e pelas orações às refeições.

Essa função religiosa da mulher no mundo privado foi também mantida entre as judias helenizadas. A grande diferença entre esses dois grandes grupos de mulheres era que, com o helenismo, a mulher conquistou mais liberdade e as fronteiras entre o público e o privado se tornaram mais fluidas. As judias helenizadas conquistaram espaço como administradoras de propriedades, comerciantes, com liberdades de ir e vir entre diversas cidades, efetuando negócios. Na vida particular, as mulheres, mesmo casadas, não tinham a necessidade de cobrir os cabelos em casa e podiam participar das refeições juntamente com os esposos. Considerando que as refeições eram momentos de discussões filosóficas e religiosas, as judias helenizadas podiam também participar abertamente desses debates. Quanto à sua presença nas sinagogas, achados arqueológicos na região do Egito e Ásia revelaram mais de trinta inscrições com nomes de mulheres com cargos de liderança religiosa.

Assim, podemos perceber que quando se tratava da mulher judia sob o domínio greco-romano, a sociedade judaica se mostrava confusa, dividida em diversas correntes de pensamento. As informações dos textos dos historiadores e mesmo da Bíblia sobre a presença das mulheres em público manifestam-se ambivalentes. Apesar de terem conquistado uma grande liberdade no mundo público, por estarem ainda sob os preceitos da religião judaica, a presença das mulheres em público, comparada às dos homens, ainda era limitada e muitas vezes considerada inadequada, levando-as serem suspeitas de disponíveis sexualmente, sobretudo nos banquetes ou em locais isolados. É o que nos revela a reação dos discípulos de Jesus à mulher samaritana (Jo 4.27) ou a suspeita que recaiu sobre a mulher que ungiu Jesus na casa de um fariseu (Lc 7.37-39).

Se havia vários judaísmos no primeiro século, naturalmente, após a ressurreição e ascensão de Jesus formaram-se também diversos cristianismos. Da instituição oficial da igreja cristã, no Pentecostes (At 2.1-4), à primeira sistematização doutrinária do cristianismo realizada pelo apóstolo Paulo em suas cartas passaram-se cerca de vinte anos. Os Evangelhos só seriam escritos cerca de quarenta anos após a morte de Jesus. Enquanto isso, judeus convertidos, helenizados e ortodoxos, continuavam a debater-se sobre questões como a distribuição de alimentos (At 6.1). Curiosamente, essa controvérsia registrada no livro de Atos

> Quanto à sua presença nas sinagogas, achados arqueológicos na região do Egito e Ásia revelaram mais de trinta inscrições com nomes de mulheres com cargos de liderança religiosa.

---

dos Apóstolos se relaciona a mulheres: as viúvas. Há duas possíveis interpretações desse texto. A mais simples indica que as viúvas eram mulheres financeiramente necessitadas atendidas pelos diáconos da igreja. Há, porém, outra leitura que pode ser feita desse mesmo texto, que aponta para a existência da chamada ordem das viúvas, formada por mulheres, viúvas ou não, que possuíam bens e os usavam para a prática da caridade na igreja além de se dedicarem à oração e ao ensino (1Tm 5.5,9-10). Nesse caso, estaria havendo uma discriminação entre as mulheres ortodoxas e as helenizadas. As viúvas helenistas estavam reivindicando o direito de também servirem às mesas da eucaristia.

Uma das questões em aberto entre os muitos cristianismos que se formaram relaciona-se às funções que podiam ser exercidas pelas mulheres na igreja. As igrejas formadas nas viagens missionárias do apóstolo Paulo, nas regiões de diáspora judaica, abrigavam conversos do judaísmo helenizado e gentios (não judeus). Tanto um como outro grupo estava acostumado a ter as mulheres como "sacerdotisas do lar", dirigindo muitas das atividades religiosas na esfera do privado. Foi natural, portanto, que as primeiras igrejas da Ásia e Europa, reunidas em casas, tivessem mulheres em sua liderança. É o que vemos nas igrejas formadas em Filipos (At 16.14-15,40; Fp 4.2-3), Corinto (1Co 16.19), Cencreia (Rm 16.1-2), Éfeso (1Co 1.11), Colossos (Fm 1.2), Laodiceia (Cl 4.15) e Roma (Rm 16.5).

Mas isso não se limitava às regiões de diáspora judaica. Em Jerusalém temos o registro único de uma mulher liderando a igreja em sua casa: Maria, mãe de João Marcos (At 12.2). Maria era uma judia helenizada originária de Chipre (At 4.36; 13.4), provavelmente viúva, proprietária de uma casa de dois pavimentos que possuía bens assim como uma escrava (Rode). Quando o texto diz "a igreja na casa de..." não se trata de uma simples referência à propriedade da casa, mas aponta para as responsabilidades de liderança religiosa dessa mulher. Sua importância entre os primeiros cristãos de Jerusalém é atestada pela sua proximidade ao apóstolo Pedro (1Pe 5.13) e ao missionário Barnabé (Cl 4.10).

Na cidade de Cesareia, fortemente helenizada, também encontramos um registro muito interessante: a presença de quatro virgens profetisas (At 21.9). Quatro filhas anônimas de um diácono nomeado e ordenado numa controvérsia sobre mulheres: Filipe (At 6.5). A virgindade das filhas refere-se à sua juventude e ao fato de não serem casadas, e não à virgindade consagrada. A profecia no contexto do Novo Testamento difere da profecia do Antigo Testamento. Aqui se trata de uma palavra que visa "edificar, exortar, consolar" a igreja (Ef 4.11; 1Co 14.3). Podemos, portanto, compreender que essas quatro jovens atuavam como evangelistas reconhecidas em sua comunidade, independentemente do fato de serem solteiras. Eusébio de Cesareia, historiador do século 4, via as filhas de Filipe como "pertencentes ao primeiro estágio da sucessão apostólica".

A prática da profecia pelas mulheres na igreja primitiva é atestada também pelo apóstolo Paulo fora da Palestina, na cidade de Corinto (1Co 11.4-5), que também coloca a profecia como um dom carismático (Ef 4.11) a ser almejado (1Co 14.1). O texto de 1Coríntios 11 que traz uma controvérsia a respeito do uso ou não de véu pelas profetisas em nenhum local invalida ou questiona suas profecias/mensagens. A questão trazida é de usos e costumes e não de liderança espiritual.

### Para refletir

1. Numa época em que as comunicações aconteciam apenas por cartas e estas precisavam ser transportadas em mãos, demorando dias e às vezes meses para chegarem ao seu destino, como seria possível não acontecer diferenças doutrinárias entre as igrejas espalhadas pelo Mediterrâneo, Asia e Europa?

2. As primeiras igrejas formadas em casas aceitavam naturalmente a liderança feminina. Quando o culto passou a acontecer em locais públicos, isso mudou e a liderança passou a ser apenas masculina. O que teria causado essa mudança sobre a liderança feminina?

Representação de Paulo ditando uma carta a Tecla (sentada à esquerda), afresco do século 4-6, Capela da Paz, Necrópole Qasr El Bagawat.

# 12
# Mulheres na igreja do primeiro século

Nas últimas décadas o debate sobre as questões quanto ao papel das mulheres no cristianismo vem crescendo tanto nas instituições acadêmicas como no interior das igrejas cristãs. Apesar da presença histórica não oficial das mulheres frente à liderança das igrejas cristãs, é recorrente a referência à Bíblia como determinante para não atribuir cargos oficiais às mulheres bem como para justificar situações de desvalorização e violência doméstica. O fato de a Bíblia ter nascido em uma sociedade patriarcal foi por muito tempo relacionado como a causa principal para a subordinação das mulheres através dos séculos.

Mas os registros bíblicos e históricos mostram algo bem diferente. Nos primórdios do cristianismo as mulheres tiveram um papel relevante nas primeiras igrejas. A igreja de modo geral contava com inúmeras mulheres evangelistas como Lídia (At 16.14,40) e Priscila, cujo conhecimento das Escrituras era tal a ponto de colaborar com o esposo na instrução de outros pregadores (At 18.26).

O que se observa é que após a ressurreição de Jesus, os apóstolos preservaram o direito da presença e atuação das mulheres junto à igreja primitiva (At 1.14), em que ocuparam posição mais importante do que tem sido afirmado pela tradição e pelas leituras do texto bíblico ao longo dos séculos. Nas primeiras comunidades cristãs fundadas pelos apóstolos Paulo e Pedro, as mulheres tiveram lugar de liderança e responsabilidade, sendo investidas da autoridade de falar em público, coordenar a vida comunitária e exercer um protagonismo que, entretanto, lhes viria a ser negado posteriormente. Não era raro encontrar uma mulher na igreja que dispusesse de dinheiro próprio e usufruísse de certa autonomia socioeconômica, como foi o caso de Maria Madalena, Cloe (1Co 1.11), Lídia (At 16.14), entre outras.

No mundo greco-romano, as mulheres eram vistas como "sacerdotisas do lar", responsáveis pela manutenção do fogo sagrado de Vesta e pela direção do culto aos ancestrais. Não é de se estranhar, portanto, que as mulheres convertidas pelas pregações de Paulo nas regiões da Europa e Ásia mantivessem o mesmo status, agindo agora como líderes das igrejas formadas em suas casas. Mesmo entre as comunidades judaicas o costume de haver liderança feminina nas igrejas reunidas nas casas também se estabeleceu. Podemos ver um exemplo na liderança exercida por Maria, mãe de João Marcos, na igreja em sua casa em Jerusalém (At 12.12). A comunidade cristã no início do cristianismo não distinguia entre homens e mulheres na liderança de suas comunidades, e isso permitiu que o cristianismo atingisse todas as classes sociais e culturas do mundo antigo. O Novo Testamento é um testemunho de que a preservação e o crescimento do cristianismo foram em grande parte responsabilidade das mulheres.

# A comunidade cristã no início do cristianismo não distinguia entre homens e mulheres na liderança de suas comunidades, e isso permitiu que o cristianismo atingisse todas as classes sociais e culturas do mundo antigo.

O texto do Novo Testamento registra a presença e importância das mulheres nas igrejas da Europa/Macedônia: na igreja de Listra temos Loide e Eunice (At 16.1; 2Tm 1.5); em Filipos vemos Lídia (At 16.14-16,40), Evódia e Síntique (Fp 4.2-3); em Tessalônica há o destaque para a conversão de mulheres de alta classe social (At 17.4,12); em Bereia, igreja lembrada como sendo muito criteriosa nos estudos, as mulheres são citadas antes dos homens (At 17.10-12); em Atenas, Dâmaris é citada junto aos líderes gregos convertidos no areópago (At 17.16-34); em Corinto, Priscila se destaca sendo citada em todos os textos, exceto um, na frente de seu esposo, Áquila, como colaboradora de Paulo em todo o seu ministério e líder da igreja em sua casa (At 18.2-3,18-19,26; Rm 16.3-5; 1Co 16.19; 2Tm 4.19); em Cencreia, Febe, que atuava como diaconisa na igreja e que pode ter sido a portadora da carta aos cristãos de Roma. (Febe era provavelmente uma mulher de negócios que se deslocaria frequentemente a Roma podendo proteger e sustentar tanto Paulo como outros [Rm 16.1-2].)

As igrejas formadas na Ásia Menor também são lembradas associadas à nomes de mulheres: em Éfeso, Priscila junto com seu esposo instruem um missionário chamado Apolo (At 18.18-19, 24,26; 19.10); ainda em Éfeso encontramos Cloe, uma líder respeitada por Paulo e pelos fiéis da igreja de Corinto (1Co 1.11); em Colossos, Áfia reúne uma igreja em sua casa (Fm 1.1-2); em Laodiceia, a igreja se reúne na casa de Ninfa (Cl 4.15); a igreja de Tiro é descrita como uma igreja familiar, com mulheres, homens e seus filhos (At 21.4-5); e, em Roma, a igreja conta com várias mulheres: Priscila (Rm 16.3-5), Maria, elogiada por sua dedicação à causa de Cristo (Rm 16.6), Júnia (Rm 16.7), Trifena, Trifosa e Pérside, chamadas de cooperadoras no evangelho (Rm 16.12), a mãe de Rufo, a quem Paulo chamou carinhosamente de mãe (Rm 16.13), Júlia, que provavelmente era esposa de Filólogo, já que ambos são citados juntos, unidos pela conjunção "e", a irmã anônima de Nereu (Rm 16.15) e Cláudia (2Tm 4.21).

O apóstolo Paulo, assim como Jesus, defendeu que as mulheres não fossem encaradas como mera propriedade do homem quando afirmou que o marido deve agradar à esposa, e não apenas esta agradar ao marido (1Co 7.1-7). Sobre os ombros dos maridos colocou a responsabilidade de amar a esposa assim como Cristo amou a igreja (Ef 5.25). Por sua vez, o apóstolo Pedro as valorizou a ponto de afirmar que os homens casados só teriam suas orações atendidas se as tratassem dignidade (1Pe 3.7).

Com tantas mulheres participando ativamente do ministério de Paulo, fica mais incongruente ainda a acusação que muitas vezes lhe fazem de ser misógino! Como a Bíblia não pode conter contradições, muitos comentaristas bíblicos

> As mulheres desde a antiguidade exerceram um papel de destaque na religião e nas sociedades. Na religião e cultura judaica não foi diferente.

❖———❖

defendem que os textos de 1Coríntios (14.33-36), em que Paulo ensina que as mulheres devem ficar caladas na igreja, deva ser uma questão isolada e aplicada a uma circunstância específica. O mesmo se diz sobre a proibição às mulheres de assumir posições de autoridade sobre os homens ou de ensinar a eles, escrita para seu discípulo Timóteo (1Tm 2.11-12), que por sua vez deve sua fé à sua mãe Eunice e sua avó Loide (2Tm 1.5). Logo, o ensino de Paulo, segundo essa visão teológica, deve ser lido dentro do contexto social da época e dentro da influência dos ensinos rabínicos recebidos através de Gamaliel, que por sua vez também valorizava as mulheres. Mais à frente, no capítulo 13, veremos outra leitura que pode ser feita sobre esses textos conflitantes.

Outros textos não bíblicos, como o livro *Atos de Paulo e Tecla*, deixam-nos perceber uma realidade atualmente negada. Esse livro apócrifo apresenta uma discípula de Paulo, a quem este diz: "Vá e ensine a palavra de Deus", e Tecla não só ensina a palavra de Deus, mas também batiza e realiza curas. Fictícia ou não, Tecla se soma às já citadas Febe, Priscila e Lídia, que atuavam como diaconisas apontando para a presença de mulheres na liderança da igreja primitiva. Além dessas ainda temos o registro das quatro filhas do evangelista Felipe, que atuavam como profetisas (At 21.9).

As mulheres desde a antiguidade exerceram um papel de destaque na religião e nas sociedades. Na religião e cultura judaica não foi diferente. A presença e atuação das mulheres na formação da igreja primitiva não deixa dúvida de seu papel de protagonismo. Uma leitura da Bíblia sem preconceitos e sem direcionamentos ideológicos esclarece e desmente qualquer acusação de misoginia e deve iluminar o debate sobre a mulher na igreja ontem e hoje. O desafio pelo reconhecimento público da atuação da mulher na igreja e na sociedade ainda é grande. Mulheres cristãs (pastoras e missionárias) ainda são questionadas se de fato são capazes de assessorar uma comunidade, se são capazes de pregar, de realizar enterros, batizar, entre outras atividades. A palavra do apóstolo Paulo em Gálatas 3.27-28 de que a partir do batismo não existe diferença entre os gêneros aguarda pelo seu pleno desenvolvimento. Mas a voz das mulheres na Bíblia, embora abafada por tantos séculos, ainda ressoa. É preciso apenas que as deixemos falar.

## Para refletir

1. Você já havia reparado na importância das mulheres na implantação e crescimento do cristianismo pregado pelo apóstolo Paulo?

2. As mulheres de hoje são tão ativas na igreja como no início do cristianismo? O que isso nos ensina sobre a importância da mulher na igreja?

Representação de Tecla na janela ouvindo a pregação de Paulo e Teoclia (mãe de Tecla), afresco do século 6. descoberto em 1906 na Caverna de São Paulo, na encosta norte de Bülbül Dag, acima das ruínas da antiga Éfeso.

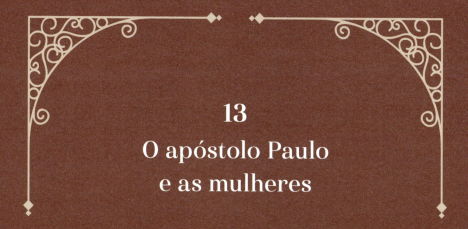

# 13
# O apóstolo Paulo e as mulheres

Mais da metade do Novo Testamento é composto pelas Cartas Paulinas. Isso faz com que o apóstolo Paulo seja um dos personagens mais citados nos estudos bíblicos e nas pregações relacionadas ao Novo Testamento, superado apenas por Jesus Cristo. Foi Paulo o responsável pelo início da sistematização do cristianismo, fornecendo os fundamentos para diversas doutrinas que hoje temos como basilares para a fé. Mas, apesar de todo esse destaque, Paulo é também alvo de muitas contradições, principalmente no que se refere à liderança e ao comportamento feminino. Enquanto alguns chegam a acusá-lo de misógino e antifeminista, outros o consideram até mesmo um protofeminista ou um defensor da igualdade entre homens e mulheres.

Para compreender melhor a relação do apóstolo Paulo com as mulheres, alguns textos são essenciais. Entre esses textos, gosto de destacar o primeiro versículo de 1Coríntios 11, em que se lê:

"Sede meus imitadores, como também eu o sou de Cristo". Paulo, que se propôs imitar a Cristo e ousou colocar-se como um padrão para os coríntios, não deixou de ser fiel a Cristo também na forma como tratou as mulheres. Em suas cartas são inúmeras as referências e elogios às mulheres cristãs, dando-lhes, tal qual Jesus, uma posição de igualdade perante os homens.

Jesus tinha junto a si discípulos homens e também mulheres, como Joana, Maria Madalena, Suzana (Lc 8.1-3), Marta e Maria de Betânia (Lc 10.38-39), entre tantas outras que o acompanharam e serviram desde a Galileia até a cruz (Mc 15.40-41). Jesus estimulou mulheres como a samaritana (Jo 4.28) à evangelização de homens e mulheres. As mulheres foram tão próximas a Cristo que foram escolhidas para serem também suas primeiras testemunhas da ressureição (Mc 16.9-10) e receberam o Espírito Santo no cenáculo (At 1.14; 2.1-4).

Como imitador de Jesus, Paulo sempre se fez acompanhar de cooperadoras no evangelho, como Priscila (Rm 16.3; 1Co 16.19), Evódia, Síntique (Fp 4.2-3), entre tantas mais. Em 1Coríntios 9.5, Paulo defende claramente sua posição de se fazer acompanhar por uma mulher-irmã, tendo como exemplo os discípulos de Jesus. Paulo cita e recomenda homens e mulheres em seus textos, chamando-os igualmente de irmãos em Cristo. Paulo destaca tanto Febe (Rm 16.1) como Filemom, Ápia e Árquipo (Fm 1.1-2) como irmãos. Não há diferenciação de valores entre Febe, Ápia e os homens citados: são todos irmãos em uma única família da fé. Evódia e Síntique são destacadas por terem lutado com Paulo no evangelho (Fp 4.2-3), assim como Maria, Trifena, Trifosa e Pérside, todas estimadas por terem trabalhado no Senhor (Rm 16.6,12), o mesmo termo usado por ele para si mesmo no trabalho da evangelização (1Co 15.10; Gl 4.11; Fp 2.16; Cl 1.29; 1Tm 4.10), para os que presidem (1Ts 5.12) e pelos presbíteros (1Tm 5.17).

# Paulo cita e recomenda homens e mulheres em seus textos, chamando-os igualmente de irmãos em Cristo.

◆──────◆

Paulo usa, portanto, a mesma terminologia para falar da pregação do evangelho feita por ele, pelos que presidem, pelos presbíteros e pelas mulheres! Sim, Jesus e Paulo valorizaram e estimularam a mulher em todas as áreas do serviço cristão em pé de igualdade aos homens. Em Romanos 16, Paulo dedica-se a agradecer a cooperação de não menos que dez mulheres com mesmos títulos, funções, vocação e missão que os homens citados no mesmo texto. Dez mulheres que cooperaram ativamente na evangelização em Roma! Paulo também destacou o papel das mulheres na oração e na profecia (1Co 11) admitindo claramente que estas podiam no culto público orar em voz alta e ensinar a palavra, pois a profecia no Novo Testamento possuía esta função: edificar, exortar e consolar (1Co 14.3). Na maioria das igrejas formadas pelo apóstolo Paulo na Ásia Menor e Europa, ele deixou uma mulher encarregada de sua liderança, como Lídia (At 16.40), Priscila (1Co 16.19; Rm 16.5), Ninfa (Cl 4.15), Cloe (1Co 1.11), entre outras, com igrejas reunidas em suas casas. Um costume, vale a pena ressaltar, que já estava estabelecido na igreja em Jerusalém, liderada por Maria, mãe de João Marcos, e reunindo-se em sua casa (At 12.12).

O conhecimento e o valor dado por Paulo ao feminino são tão reais que ele mesmo aplica para si características que admira nas mulheres. Paulo recorre frequentemente a imagens femininas, sobretudo maternas, para exprimir seu cuidado pelas igrejas e pelos cristãos, incutindo nestes uma imagem maternal de Deus. Veja alguns exemplos: "nos tornamos carinhosos entre vós, qual ama que acaricia os próprios filhos" (1Ts 2.7); "como a crianças em Cristo, leite vos dei a beber" (1Co 3.1-2); "meus filhos, por quem, de novo, sofro as dores de parto" (Gl 4.19). Paulo assume simbolicamente a função de uma mãe que prepara uma filha para o seu casamento: "Porque zelo por vós com zelo de Deus; visto que vos tenho preparado para vos apresentar como virgem pura a um só esposo, que é Cristo" (2Co 11.2). E ainda, para ensinar como o cristão já não está submisso à lei judaica, refere-se à liberdade conquistada pela mulher viúva: "Ora, a mulher casada está ligada pela lei ao marido, enquanto ele vive; mas, se o mesmo morrer, desobrigada ficará da lei conjugal [...] e não será adultera se contrair novas núpcias. Assim, meus irmãos, também vós morrestes relativamente à lei, por meio do corpo de Cristo, para pertencerdes a outro, a saber, aquele que ressuscitou dentre os mortos" (Rm 7.2-4).

Tendo em mente todas as considerações acima, fica difícil sustentar a acusação de misoginia em Paulo. Mesmo o estudo do texto de 1Coríntios 11, utilizado muitas vezes como base para justificar essa acuação, mostra não uma relação de inferioridade e superioridade, mas sim a complementariedade dos dois sexos no plano da Criação e no plano da Salvação.

Todo o texto de 1Coríntios 11 enfoca uma equidade entre homem e mulher na prática da vida cristã: "Todo homem que ora ou profetiza" / "Toda mulher que ora ou profetiza"; "Portanto, se a mulher..." / "Porque, na verdade, o homem..." (1Co 11.4-5,6-7). Está bem claro, portanto, que Paulo aceita que a mulher ore e profetize na igreja cristã em pé de igualdade com

> O cristianismo pregado por Paulo quebra com toda essa separação dos gêneros existente no judaísmo: "Dessarte, não pode haver judeu nem grego; nem escravo nem liberto; nem homem e mulher; porque todos vós sois um em Cristo Jesus" (Gl 3.28).

❖

os homens. Isso rompe com a tradição judaica que conferia ao homem o poder da palavra na sinagoga e templo enquanto a mulher precisava ficar em silêncio. No templo judaico, as mulheres não podiam sequer entrar além do primeiro pátio, chamado de átrio das mulheres. A santidade do templo era reservada somente aos homens apoiados pela teologia judaica que lhes conferia importância superior às mulheres. Na sinagoga a entrada das mulheres era permitida e até mesmo podiam contar no número necessário para uma leitura da Torá, mas estas deveriam permanecer em silêncio e sempre próximas às paredes, nunca no centro.

O cristianismo pregado por Paulo quebra com toda essa separação dos gêneros existente no judaísmo: "Dessarte, não pode haver judeu nem grego; nem escravo nem liberto; nem homem e mulher; porque todos vós sois um em Cristo

Jesus" (Gl 3.28). Os versículos 11 e 12 de 1Coríntios estão claramente associados ao texto de Gálatas 3.28: "No Senhor, todavia, nem a mulher é independente do homem, nem o homem, independente da mulher. Porque, como provém a mulher do homem, assim também o homem é nascido da mulher, e tudo vem de Deus".

A relação que se estabelece não é a de domínio como o mundo judaico preconizava, mas a de serviço em liberdade cristã. Não é uma relação de independência, nem de total dependência, mas simultaneamente de "dependência-de" e "dependência-para": uma interdependência. O texto de 1Coríntios 11.1-16 não fornece nenhuma base nem para a dependência da mulher ao homem nem muito menos para justificar sua total independência. Paulo enfatiza que a identidade do homem se constrói em complementariedade com a identidade da mulher e vice-versa. Enquanto humanidade criada à imagem e semelhança de Deus, a mulher e o homem manifestam os atributos divinos, cada um à sua maneira, dando assim glória ao Criador. O cristianismo resgata os valores da criação: "Criou Deus, pois, o homem [a humanidade] à sua imagem, à imagem de Deus os criou; homem e mulher os criou" (Gn 1.27). Em Cristo a humanidade volta a ter o mesmo ideal da criação, sem a hierarquia defendida pelo judaísmo.

Na igreja de Deus não há espaço para distinções entre homens e mulheres. Ambos são vocacionados e usados pelo Espírito Santo de Deus para diversas funções. No Corpo de Cristo há interdependência, cooperação e dignidade para cada qual cumprir a função para que Deus o vocacionou. E, assim, Paulo encerra a discussão: "Contudo, se alguém quer ser contencioso, saiba que nós não temos tal costume, nem as igrejas de Deus" (1Co 11.16).

## Para refletir

1. Como você vê agora a relação entre o apostolo Paulo e as mulheres? A acusação de misoginia se sustenta?

2. Como você pode contribuir para que o ideal de Gálatas 3.28 seja uma realidade também na igreja dos dias de hoje?

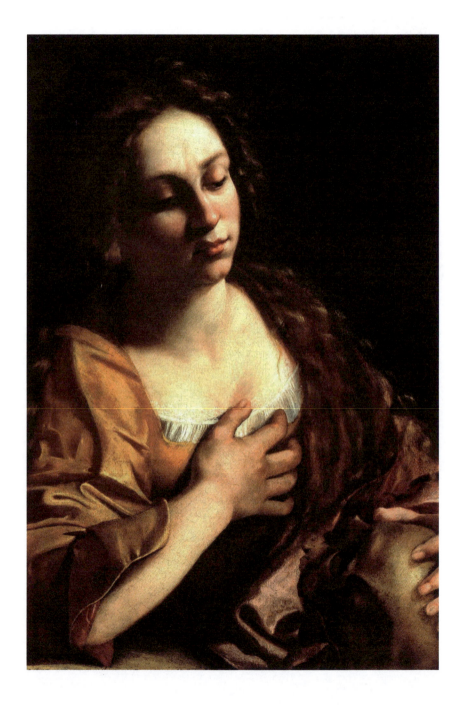

Artemisia Gentileschi, "Maria Madalena", c. 1615-1616 ou 1631, óleo sobre tela, 65,7x50,8cm, coleção particular.

# 14
# Devem as mulheres ficar caladas?

As mulheres sempre estiveram em maior número nas igrejas cristãs, desde o primeiro século. E não como meras expectadoras: exerceram cargos de liderança durante o período em que as igrejas se reuniam em suas casas. Tanto dentro do judaísmo onde o cristianismo se formou como na sociedade greco-romana onde o cristianismo estava imerso social e politicamente, a mulher era uma reconhecida "sacerdotisa do lar". Foi apenas quando a igreja passou a se reunir em edifícios separados para essa finalidade que a situação se alterou. A mudança das reuniões em casas para locais específicos coincidiu com o movimento de rejudaização da igreja cristã iniciado durante o governo do imperador Nerva (96–98 d.C.). Ao substituir Domiciano no poder, Nerva encontrou um império cheio de dívidas criadas pela ostentação de seu antecessor. Disposto a resolver a situação, Nerva mandou derreter as estátuas de ouro de Domiciano e concedeu perdão aos judeus devolvendo-lhes as terras confiscadas, embora mantivesse os impostos sobre sua produção. Durante esse breve período o judaísmo readquiriu força política, o que acabou por influenciar o cristianismo ainda em desenvolvimento.

O cristianismo do final do primeiro século resgatou do judaísmo muitas de suas práticas e costumes relativos às mulheres, como a lei da modéstia. Segundo essa lei judaica, o simples ouvir da voz feminina era semelhante a contemplar sua nudez. A lei regulava as vestimentas que deveriam ser discretas, com cores sóbrias, mantendo o corpo coberto, inclusive joelhos e cotovelos. A mesma lei exigia que as mulheres casadas trouxessem sempre os cabelos cobertos. A própria presença feminina junto aos homens nos mesmos ambientes de culto passou a ser algo indesejável. É dentro dessa situação que podemos entender as aparentes contradições observadas na Bíblia, em especial nos textos paulinos sobre a mulher.

Ao mesmo tempo que o apóstolo Paulo cita de forma elogiosa dezenas de mulheres em suas cartas e é acompanhado e auxiliado por outras segundo o relato em Atos dos Apóstolos, em dois textos, 1Coríntios 14.34-36 e 1Timóteo 2.11-15, parece contradizer tudo isso proibindo as mulheres de falar em público nas assembleias cristãs. Qual seria a razão pela qual esses dois pequenos trechos, de oito versículos no total, vieram a suplantar em importância em algumas igrejas todos os demais versículos das treze Cartas Paulinas?

Por muito tempo os comentaristas bíblicos, como já me referi no capítulo 11, explicaram essa grande contradição como uma adaptação do apóstolo Paulo ao contexto sociocultural da época a fim de evitar afrontar as estruturas ainda judaicas da igreja e não causar divisões. Mas essa explicação também não resolve o problema e sim aumenta ainda mais a contradição na pessoa de Paulo. Afinal, o apóstolo do qual o texto de Atos trata e que escreveu as cartas de Tessalonicenses, Coríntios, Filipenses, Gálatas, Romanos e Filemom nunca teve receio em se mostrar contrário às normas do judaísmo ortodoxo. Esse Paulo era radicalmente oposto às normas socioculturais que conflitavam com os ensinos de Jesus, tendo chegado até a entrar em desavença com o apóstolo Pedro por não ver necessidade da circuncisão aos novos convertidos (At 15.1-2; Gl 2.11-16). Paulo se opôs à distinção social entre escravos e senhores cristãos, entre judeus e gregos convertidos e até entre homens e mulheres cristãos (Gl 3.26-28). Para Paulo, em Cristo não havia mais divisões sociais, econômicas ou de gênero. O batismo do Espírito Santo quebrava todas essas barreiras e habilitava a todos, independentemente de classe social ou gênero, aos dons do Espírito e consequentemente às atividades da igreja nascente. Em todos esses textos Paulo se mostrou claramente um defensor da igualdade entre homens e mulheres, mesmo dentro do casamento (1Co 7.1-5).

Assim, o problema da contradição paulina em relação ao tratamento às mulheres na igreja permanece, pois o que justificaria Paulo mudar de atitude no contexto sociocultural de uma comunidade em especial?

Foi mais recentemente, com o advento da crítica literária, que a resposta a essa questão começou a se aclarar. Pesquisadores se dedicaram a examinar o estilo da escrita, o vocabulário e o contexto histórico das treze Cartas Paulinas, e o que descobriram mudou toda a compreensão dessas cartas e até mesmo do apóstolo.

Antes, porém, de nos voltarmos a essas descobertas, é importante ter em mente que a Bíblia, com todos os livros que contém, é a Palavra de Deus para o cristão: um livro sagrado. Apesar de sua unidade, os livros que compõem a Bíblia foram escritos por autores diferentes em épocas diferentes, e a consolidação dessa coleção conforme a conhecemos hoje se deu séculos após a redação dos textos originais. A Bíblia é um livro vivo, pois foi escrita por homens que, inspirados por Deus, usaram de suas características pessoais para efetuar seus registros, dentro de determinada cultura e de determinado período. Ao estudar o texto bíblico devemos, portanto, estar atentos ao período em que cada livro foi escrito e às circunstâncias culturais que envolvem o texto nele contido.

No caso das Cartas Paulinas, por exemplo, sempre há um contexto cultural por trás da resposta contida em cada carta. Tendo isso em mente, fica mais fácil perceber que, de modo geral, o estudo crítico das Cartas Paulinas não tem o intuito de desmerecer seu conteúdo teológico, mas sim de compreender melhor seu conteúdo histórico-cultural. Assim, após examinarem o estilo da escrita e o vocabulário utilizado em diálogo com o contexto histórico que transparece nas treze Cartas Paulinas, os pesquisadores observaram que algumas cartas possuíam uma forte semelhança no estilo e vocabulário: 1Tessalonicenses, 1Coríntios, 2Coríntios, Filipenses, Gálatas, Romanos e Filemom. Já as cartas de 2Tessalonicenses, Colossenses e Efésios, bem como as três cartas pastorais, 1 e 2Timóteo e Tito, revelavam diferenças significativas que indicavam uma possível adaptação posterior do texto inicial de Paulo, provavelmente para atender a novos problemas da igreja numa fase mais ortodoxamente judaica.

Esses pesquisadores perceberam ainda que dois textos teriam sido inseridos na segunda metade do século 2 nas cartas de 1Coríntios (14.33b-35) e 1Timóteo (2.11-15a). Chamaram essas duas situações de interpolações. Curiosamente, ambos os textos são os que silenciam as mulheres nas igrejas!

No caso da interpolação de 1Coríntios 14, quando lemos o texto desde o versículo 1, observamos que Paulo vai instruindo a respeito do culto cristão, abordando a pregação, a glossolalia,

> Ao estudar o texto bíblico devemos, portanto, estar atentos ao período em que cada livro foi escrito e às circunstâncias culturais que envolvem o texto nele contido.

◆―――◆

a oração e o canto sempre dentro da ordem até o versículo 33a: "porque Deus não é de confusão, e sim de paz". Há uma ruptura no assunto até que, nos versículos 36 a 40, Paulo retoma a exortação sobre a ordem para a edificação da igreja. Observe que a leitura do texto, se suprimirmos os versículos 33b a 35, não prejudica o seu entendimento, mas, pelo contrário, o facilita.

Se observarmos agora os versículos da interpolação (33b-35) veremos que há duas contradições com o estilo de Paulo: duas vezes usa o termo "as igrejas" e apoia a forma "como a lei determina". Em nenhum outro texto paulino é utilizado o termo "igreja" no plural, e também já vimos que Paulo não se deixa submeter pela lei judaica. Isso para não citar o fato de que apenas três capítulos antes Paulo afirma claramente que o dom da profecia/ensino era para ambos os gêneros (1Co 11.4-5). Como então poderia só alguns capítulos à frente proibir o uso desse dom pelas mulheres?

Apesar de na versão de João Ferreira de Almeida, a tradução da Bíblia mais utilizada por nós no Brasil, os versículos 33b-35 aparecerem dentro do capítulo 14, em alguns manuscritos essa interpolação aparece após o versículo 40, e algumas traduções os colocam até mesmo entre colchetes.

O que os pesquisadores concluíram a respeito dessa interpolação é que ela não estava presente no texto original de Paulo e que provavelmente um copista, influenciado pelo texto de 1Timóteo 2, teria escrito um comentário pessoal à margem do texto. Os copistas posteriores entenderam que esse comentário deveria entrar no texto, colocando-o às vezes após o versículo 40 e às vezes após o versículo 33.

O que isso muda em nossa compreensão do texto bíblico? De modo nenhum a Bíblia deixa de ser um livro integralmente inspirado por Deus! Ela se mantém como a Palavra de Deus, a Escritura Sagrada. Quanto mais compreendemos a forma como a Bíblia foi sendo escrita, mais preciosa ela vai se tornando, pois percebemos como Deus se utilizou de homens reais, com suas particularidades e estilos próprios, e como os textos foram escritos em resposta a situações históricas reais e que por isso podem ainda hoje nos levar a reflexões e aprendizados poderosíssimos.

O texto de 1Coríntios 14.33b-35 deve ser compreendido como uma instrução para uma época em que se questionava se a mulher teria o mesmo valor que o homem na religião, uma época em que a igreja já formada, mas ainda não oficializada, começava a hierarquizar-se. Nesse momento, as mulheres diáconos, ou diaconisas, também serão direcionadas a atuar apenas com outras mulheres e à visitação de enfermos. É o início de uma separação de áreas de atuação na igreja entre homens e mulheres. Embora seja, portanto, um rico registro histórico, o texto não representa uma ordenança para os dias de hoje, numa realidade distinta daquela que demandou a interpolação. Podemos ver um paralelo com alguns textos do Antigo Testamento que ditam normas para uma época que hoje já não são justificáveis, como a necessidade de uma mulher sacrificar um cordeiro e um pombinho após o parto (Lv 12).

Infelizmente, algumas igrejas continuam a utilizar os textos de 1Coríntios 14 e 1Timóteo 2 para silenciar as mulheres em seus templos. Esse silenciamento é uma grande perda, pois não são apenas as vozes femininas que se calam, mas também a voz do Espírito Santo que é tolhida, pois "a todos nós foi dado beber de um só Espírito" (1Co 12.13). O Espírito Santo é quem distribui os dons "como lhe apraz, a cada um, individualmente" (1Co 12.11), tanto a homens como a mulheres, "visando a um fim proveitoso" (1Co 12.7). O mesmo Espírito Santo que atuou através da vida de mulheres como Maria Madalena, Dorcas, Lídia, Priscila, Febe, Júnia e tantas outras ainda habita o coração das mulheres cristãs do século 21. Até quando, portanto, a voz do Espírito Santo poderá ser silenciada?

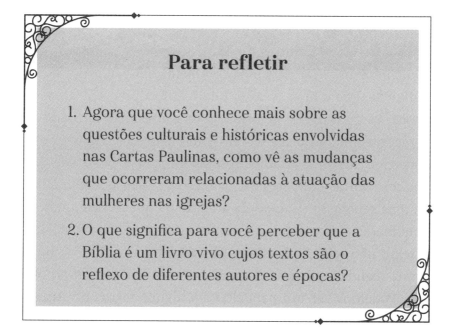

### Para refletir

1. Agora que você conhece mais sobre as questões culturais e históricas envolvidas nas Cartas Paulinas, como vê as mudanças que ocorreram relacionadas à atuação das mulheres nas igrejas?
2. O que significa para você perceber que a Bíblia é um livro vivo cujos textos são o reflexo de diferentes autores e épocas?

Mulher em atitude de bênção, afresco do século 4, Catacumba de São Calixto, Roma.

# 15
# A uns (e umas) estabeleceu Deus

O primeiro registro de uma hierarquia dentro da igreja primitiva ocorre em 1Coríntios 12.28, inserido em um texto do apóstolo Paulo sobre os diversos dons distribuídos pelo Espírito Santo aos cristãos, independentemente de seu gênero. Após uma longa lista de nove dons do Espírito, Paulo usa da metáfora do corpo humano para mostrar que não há um dom superior ao outro, mas que todos devem cooperar juntos pelo bem da igreja, o Corpo de Cristo. Apesar disso, finaliza seu raciocínio com uma breve hierarquia entre os dons, colocando-os após três dons ministeriais: "E a uns pôs Deus na igreja, primeiramente apóstolos, em segundo lugar profetas, em terceiro mestres, depois operadores de milagres, depois dons de curar, socorros, governos, variedades de línguas" (1Co 12.28).

A igreja primitiva, regida pelo carisma do Espírito Santo, vivenciava o igualitarismo social em todas as suas esferas de alcance. Homens e mulheres cheios do Espírito Santo recebiam de Deus dons espirituais com os quais serviam a Deus e à comunidade, fazendo o nome de Cristo cada vez mais conhecido entre os pagãos. Não havia exclusão de gênero nem de classe social. Todos os ministérios eram abertos a todos a quem Deus chamava e capacitava pelo seu Espírito.

Assim, o dom de apóstolo era exercido por homens e mulheres que haviam conhecido pessoalmente a Cristo e que atuavam ativamente como evangelistas e missionários. Paulo cita em Romanos 16.7 a apóstola Júnia como notável entre os apóstolos. Infelizmente algumas traduções da Bíblia em português trazem o nome de Júnia acrescido de uma letra "s" de forma a torná-lo um nome masculino: Júnias. Era consenso entre todos os teólogos da igreja até o século 13, incluindo João Crisóstomo (c. 347–407) e Jerônimo (c. 347–420), que Júnia era uma mulher. Foi o teólogo e filósofo Egídio Romano (1245–1315) quem acrescentou o "s" pela primeira vez, por estranhar que uma mulher pudesse ser contada entre os apóstolos, que acreditava serem apenas os doze escolhidos por Jesus. O curioso é que nenhum texto do primeiro século traz o nome masculino de Júnias, porém o feminino Júnia é frequente em textos contemporâneos à Carta aos Romanos. Apesar disso, muitas das traduções em português continuam a ocultar o ministério feminino de Júnia sob a introdução do "s" em seu nome.

Embora não tenham recebido o título de apóstolas, outras mulheres do Novo Testamento exerceram o ministério do apostolado, sendo reconhecidas como tal pelos teólogos da igreja. Dentre estas podemos citar a mulher samaritana (Jo 4,) considerada uma apóstola por Orígenes (c. 182–251): "Cristo enviou uma mulher como apóstolo aos habitantes da cidade, porque as suas palavras a haviam inflamado", e Maria Madalena, a primeira testemunha da ressurreição de Jesus. A importância do testemunho de Maria Madalena foi preservada nos documentos

# Todos os ministérios eram abertos a todos a quem Deus chamava e capacitava pelo seu Espírito.

da igreja primitiva: *Epístola dos Apóstolos* (séc. 2), *Didascália Apostolorum* (séc. 3), *Canones Apostolorum Ecclesiastici* (séc. 4) e *Constituições Apostólicas* (séc. 4). Os teólogos da Patrística, como Tertuliano, Orígenes, Irineu, Hipólito de Roma, entre outros, a defendiam como sendo a principal testemunha da ressurreição. Hipólito (c. 170–236) foi o primeiro a atribuir-lhe o título de apóstola: "Dão-nos um bom testemunho aquelas que se tornaram apóstolas antes dos apóstolos enviados por Cristo. O próprio Cristo veio ao encontro dessas mulheres, para que se tornassem suas apóstolas". Tomás de Aquino (1225–1274) também defendeu o título de Madalena: "Ela tinha o ofício de apóstolo; de fato, ela era uma apóstola dos apóstolos, na medida em que era sua tarefa anunciar a ressurreição de nosso Senhor aos discípulos". No século 16 Martinho Lutero (1483–1546) fez de Maria Madalena um exemplo para a doutrina do sacerdócio universal dos crentes: "Cristo faz dela uma pregadora, para que ela seja companheira e mestra dos queridos apóstolos". Madalena tornou-se um estímulo para a ação evangelística das primeiras mulheres protestantes, como Argula von Grumbach e Katharina Schutz Zell. Da mesma forma, a arte dos pintores reformados sempre retratou Maria Madalena ressaltando sua autoridade apostólica e importância na ressurreição.

As mulheres também estavam representadas entre os que foram agraciados com o dom ministerial da profecia. A profecia no Novo Testamento adquiriu um conceito diferenciado do que era estabelecido no Antigo Testamento. A profecia, segundo o apóstolo Paulo, passava a se referir ao dom da pregação "para edificar, exortar e consolar" a comunidade (1Co 14.1-4). Paulo é claro ao afirmar que as mulheres, assim como os homens, podiam exercer o dom da profecia pela ação do Espírito Santo (1Co 11.4-5). O livro de Atos dos Apóstolos menciona as quatro filhas de Filipe de Cesareia, profetisas respeitadas por sua capacidade de edificar, exortar e consolar pela palavra de Deus (At 21.9). Eusébio de Cesareia (c. 265–339) considerava as profetisas como as filhas de Filipe e os profetas como sucessores dos apóstolos: "Excelentes discípulos destes, edificavam sobre os fundamentos das igrejas que os apóstolos haviam começado a estabelecer em todos os lugares; propagavam cada vez mais a pregação e espalhavam as sementes salutares do reino dos céus em toda a extensão da terra habitada". Os primeiros cristãos estavam convictos de que a promessa de Joel 2.28-29 ("E acontecerá, depois, que derramarei o meu Espírito sobre toda a carne; vossos filhos e vossas filhas profetizarão, vossos velhos sonharão, e vossos jovens terão visões; até sobre os servos e sobre as servas derramarei o meu Espírito naqueles dias") havia sido cumprida no Pentecostes e que o dom da profecia não se extinguiria se a Igreja se mantivesse fiel. Acreditavam que o carisma, como sinal do fim dos tempos, era um dom para homens e mulheres, portanto a profecia feminina era um sinal de que a igreja estava realmente unida no Espírito Santo.

As profetisas ainda foram frequentes nos primeiros séculos da igreja primitiva, tendo sua atuação registrada por Justino Mártir (c. 100–168), Irineu de Lyon (c. 130–202), Tertuliano (160–240) e Orígenes (c. 185–253), que concordavam que tanto homens quanto mulheres eram os destinatários do dom de profecia. Uma profetisa que merece destaque é Ammia de

Filadélfia, citada por Eusébio junto com os profetas do Novo Testamento, Ágabo (At 11.28; 21.10), Judas, Silas (At 15.22-32) e as quatro filhas de Filipe (At 21.9), como um padrão para a distinção entre a verdadeira e a falsa profecia. Como Ammia não aparece no Novo Testamento, seu carisma deve ter sido exercido após a redação do livro de Atos dos Apóstolos (c. 80–90). Hoje seu nome é quase desconhecido para muitos, mas no final do primeiro século seu ministério profético devia ser reconhecido tanto em Filadélfia como nas demais igrejas da Ásia Menor.

O terceiro dom ministerial listado pelo apóstolo Paulo, o de mestre, também foi exercido tanto por homens como por mulheres. Na igreja primitiva, o papel de "mestre" não era necessariamente desempenhado por alguém com uma formação acadêmica como hoje seria de se esperar. Mas diversas pessoas com autoridade reconhecida na igreja podiam exercer o ensino, como apóstolos, profetas, anciãos, diáconos, presbíteros e bispos. Entre todos esses as mulheres estavam também representadas. Um exemplo muito claro de uma mulher no Novo Testamento que exerça o dom de mestre foi Priscila, que ensinou a teologia cristã a Apolo, preparando-o para ser um missionário (At 18.26). O exemplo de Priscila nos mostra como a autoridade de uma mulher como mestre era reconhecida até mesmo pelos homens. As anciãs e viúvas, porém, ensinavam às mulheres mais jovens (Tt 2.3-4). A atuação das mulheres como mestres na igreja primitiva mostra como a proibição de 1Timóteo 2.12 encontra-se fora de contexto, tendo sido um texto posterior escrito em uma época quando a igreja, influenciada por ideias judaicas, passa a cercear a atuação das mulheres.

A arqueologia tem revelado evidências epigráficas da atuação de mulheres como bispas e presbíteras na igreja primitiva mostrando que apesar da resistência imposta pela liderança oficial masculina após o século 2, algumas comunidades ainda preservavam a equidade entre os gêneros. Isso pôde acontecer pois o processo de institucionalização hierárquico da igreja só foi consolidado no século 4 com a sua associação ao Império Romano. Pinturas nas catacumbas mostram mulheres em posição de autoridade impondo as mãos como que exercendo o bispado. São as chamadas "orantes". O documento da igreja primitiva *Testamento do Nosso Senhor* (séc. 4) traz uma petição em prol das presbíteras: "Pelas presbíteras supliquemos que o Senhor ouça as suas súplicas e na graça do Espírito mantenha perfeitamente seus corações e apoie seu trabalho". A bispa Brigitte, ordenada pelo bispo de Ardagh da igreja celta, teve sua liderança reconhecida e estimada além de ter construído um monastério em 480. Na basílica do século 4 dedicada a Prudentiana e Praxedis em Roma pode-se observar um mosaico com quatro mulheres representadas: Prudentiana, Praxedis, Maria e uma quarta mulher com a inscrição Teodora Episcopa (Bispa Teodora). Uma triste constatação é que a desinência feminina (-a) em Teodora se mostra parcialmente apagada por arranhões nos ladrilhos de vidro do mosaico, o que reflete a tentativa de, assim como foi feito com Júnia, transformá-la em um bispo homem.

As evidências arqueológicas ainda nos contam de Leta de Bruttium (atual Calábria, Itália) cujo túmulo do século 5 traz a inscrição: "Leta, a Presbítera, viveu 40 anos, 8 meses, 9 dias, para quem seu marido estabeleceu este túmulo. Ela o precedeu em paz na véspera dos idos de maio". Uma outra inscrição em um sarcófago encontrado na Dalmácia com a data de 425 relata que um terreno no cemitério de Salona foi comprado pela Presbítera Flávia Vitália. Ainda podemos relatar de uma inscrição encontrada em Poitiers, França, que diz: "Martia, a Presbítera, fez a oblação igualmente junto com Olybrius e Nepos", indicando uma Eucaristia celebrada por três líderes, sendo um deles, uma mulher!

O ministério feminino continuaria, porém, a sofrer embates com a crescente centralização masculina na liderança eclesiástica. Ainda no século 4, o historiador Epifânio de Salamina (310–403) escreve criticamente sobre igrejas que permitiam que as mulheres servissem como presbíteros e bispos, e no Concílio de Laodiceia, realizado na Frígia, Ásia Menor, o cânon 11 trouxe a proibição da indicação de *presbytides* (presbíteras) nas igrejas. Apesar disso, o Papa Gelasius (492–496) ainda denunciaria que na Itália "mulheres são encorajadas para servir no altar sagrado e desempenhar funções designadas apenas para o serviço dos homens", e os bispos do norte de Lião denunciariam em 511 alguns padres que oficiavam as missas junto com mulheres, que auxiliavam na ministração da Eucaristia. O constante e crescente cerceamento acabou por fim com a extinção de toda a participação igualitária das mulheres junto aos homens na liderança eclesiástica.

### Para refletir

1. Se na igreja primitiva os dons eram distribuídos pelo Espírito Santo a todos, por que alguns interpretam os dons de liderança como apenas masculinos?

2. Se por apóstolo entendemos alguém que conviveu com Jesus, por que é tão difícil para alguns aceitarem a existência de uma mulher contada entre os apóstolos?

Representação da viúva Turtura sendo apresentada a Maria com o menino Jesus pelos Santos Felix e Adauto, afresco do século 6, Catacumba de Comodila, Roma.

# 16
# Uma ordem de viúvas e virgens na igreja primitiva

Quando estudamos sobre as viúvas na igreja é frequente que tenhamos uma ideia preconcebida de que estas eram mulheres necessitadas de apoio econômico e social. Isso é uma herança do pensamento judaico sobre as viúvas no antigo Israel, pois o Antigo Testamento, em especial o livro de Deuteronômio, por diversas vezes enfatiza os direitos das viúvas perante o povo de Deus (Dt 10.18; 24.17; 27.19). O cuidado para com as viúvas é apresentado no Antigo Testamento como uma ordenança divina (Sl 82.3), sendo que o próprio Deus se coloca como o maior protetor das viúvas (Sl 68.5; Êx 22.22-23). Mas nas parábolas de Jesus registradas pelo evangelista Lucas já começamos a perceber uma diferença no olhar do Mestre sobre as viúvas. A parábola do juiz iníquo (Lc 18.1-8) não se detém sobre a situação econômica da viúva, mas sim sobre sua persistência em solicitar que o juiz julgasse sua causa. Da mesma forma, na oferta da viúva pobre (Lc 21.2-3) não é sua pobreza que é destacada, mas o valor de sua atitude de confiança e gratidão.

O domínio romano sobre a Judeia trouxe muitas mudanças sociais devido à sua legislação. A mulher conquistou mais liberdades sociais e econômicas. A lei romana permitia que uma mulher viúva administrasse seus bens sem forçá-la a contrair um novo casamento. O próprio apóstolo Paulo também enfatizava que as viúvas poderiam permanecer sem um novo casamento, se assim desejassem, o que ele até estimulava (1Co 7.8,39-40). As viúvas cristãs que possuíam bens próprios aplicavam-no no sustento de missionários e na prática da caridade. Dorcas ou Tabita (At 9.36-41) era uma dessas viúvas. Logo em seus primórdios a igreja começou a organizar grupos formais de viúvas como parte de seus ministérios: a ordem das viúvas. É conhecida também a história de Grapte, que no século 2 dirigia a comunidade de viúvas que se dedicava ao cuidado para com órfãos em Roma. Seu trabalho social impediu que muitos órfãos morressem de fome ou fossem destinados à prostituição.

Muitas outras mulheres citadas no Novo Testamento como sustentadoras e colaboradoras do ministério do apóstolo Paulo, sem que o nome de seus maridos a acompanhem, como Cloe, Trifena, Trifosa, Síntique, Evódia e Febe, podem também ter sido parte da ordem das viúvas. Sabemos pelos escritos dos Pais da Igreja que a ordem das viúvas abrigava não só viúvas como também mulheres solteiras ou virgens. Inácio de Antioquia (c. 30–98), em sua carta à igreja de Esmirna (13.1), se refere às "virgens que são chamadas de viúvas". E Tertuliano (160–240) reclamou de uma virgem de 19 anos admitida na ordem das viúvas que não usava o véu, o que ele considerava necessário como símbolo de submissão ao bispo (*Sobre o véu das virgens* 9.4).

# As mulheres pertencentes à ordem das viúvas se dedicavam ao ensino, à oração, às obras de caridade, à visitação de doentes e ainda colaboravam suprindo a necessidade dos apóstolos e missionários.

◆——————◆

As mulheres pertencentes à ordem das viúvas se dedicavam ao ensino, à oração, às obras de caridade, à visitação de doentes e ainda colaboravam suprindo a necessidade dos apóstolos e missionários constituindo, segundo alguns, a contraparte feminina do presbiterato masculino. Pode-se dizer também que a ordem das viúvas foi a primeira ordem celibatária na igreja. Os textos eclesiásticos dos dois primeiros séculos relatam que essas mulheres exerciam funções sacramentais e litúrgicas, participando ativamente na celebração da Santa Ceia/Comunhão.

Com o advento da rejudaização iniciada no final do primeiro século essas mulheres, antes vistas como cooperadoras, passaram a ser consideradas uma ameaça à autoridade masculina na igreja. É nesse contexto que podemos entender a referência feita por Policarpo de Esmirna (69–155) na sua carta aos filipenses (9.3), em que diz serem as viúvas o "altar de Deus" devido ao seu ministério de intercessão. Os *Reconhecimentos e Homilias Clementinas* (séc. 3) relatam que o apóstolo Pedro, ao se preparar para deixar Trípoli, teria nomeado presbíteros e diáconos e organizado uma ordem das viúvas.

O documento da igreja *Didascália Apostolorum* [Ensino dos Apóstolos], escrito no século 3, modificou a idade das participantes na Ordem das Viúvas passando o imite para acima dos 50 anos e ressaltou não ser mais permitido a inclusão de jovens em seu meio. O documento também revela que as viúvas eram consultadas sobre assuntos teológicos, que ensinavam de casa em casa, realizavam visitas, oravam, abençoavam pela imposição de mãos e realizavam batismos. A partir de então lhes foi recomendado restringir-se apenas à oração em suas próprias casas. A autonomia social e financeira das mulheres pertencentes à Ordem da Viúvas passou a ser vista como uma ameaça a autoridade do bispo a quem são instadas no *Didascália* a obedecer. Aos poucos as viúvas vão sendo silenciadas, proibidas de pregar e de falar aos outros membros da comunidade cristã, e sendo confinadas às suas casas no ministério da oração. Apesar disso, o *Didascália* ainda as mantém entre a liderança eclesial, pois segundo o texto "nem o bispo, nem o presbítero, nem o diácono, nem a viúva deveriam proferir uma maldição", porque as viúvas "foram designadas para abençoar".

No século 4 o documento *Estatuto dos Apóstolos* relata que as viúvas ainda atuavam além da oração no atendimento às mulheres doentes, servindo-lhes a Comunhão. O documento estipula que as viúvas não seriam mais ordenadas por imposição de mãos, sendo apenas nomeadas com a justificativa de que não mais participariam ativamente da liturgia do culto público. Apesar disso, podemos perceber que a igreja não atendeu completamente esse documento, pois no *Testamento de Nosso Senhor*, documento do século 5, encontramos

> Durante a celebração
> da Comunhão as viúvas
> permaneciam junto ao altar,
> perto dos bispos, presbíteros
> e diáconos, tendo equidade de
> valores.

uma oração de ordenação das viúvas e instruções sobre suas atividades junto ao altar na celebração da Comunhão, além de serem estas designadas para ensinar novos convertidos, exortar os rebeldes e visitar enfermas, a quem podiam dar a Comunhão e ainda atuar na oração. O processo de seleção e a ordenação das viúvas nesse documento são paralelos aos dos diáconos, bispos e presbíteros. O documento ainda aplica o título de "presbíteras" a essas mulheres, referindo-se a elas seis vezes como "as viúvas que sentam na frente" enfatizando sua posição de liderança junto à congregação. Isso mostra que durante a celebração da Comunhão as viúvas permaneciam junto ao altar, perto dos bispos, presbíteros e diáconos, tendo equidade de valores.

A partir do século 3, com o crescimento do episcopado de Roma, Alexandria e Antioquia, o monopólio da Palavra foi se concentrando cada vez mais nos bispos e presbíteros, homens, e as viúvas foram sendo paulatinamente subordinadas a essa liderança masculina, passando a exercer funções próximas às das diaconisas (serviços litúrgicos menores, batismo de mulheres, levar a Comunhão aos doentes e realizar visitas pastorais). Do século 4 em diante, com o sistema hierárquico do episcopado plenamente desenvolvido após a união da igreja com o estado romano, a ordem das viúvas declinou na igreja ocidental, mas permaneceu ativa na igreja oriental por vários séculos subsequentes. À medida que a igreja foi se hierarquizando a ordem das viúvas foi desaparecendo, enquanto o papel das diaconisas, algumas das quais também viúvas, foi se solidificando em funções específicas junto às mulheres cristãs. Aos poucos as diaconisas também foram substituídas pelas virgens consagradas (atuais freiras). As viúvas que não mais participavam de uma ordem específica, mas queriam dedicar-se ao serviço divino, eram direcionadas à vida ascética entrando para os mosteiros.

Recentemente, em 1997, a ordem das viúvas foi reinstituída na Igreja Católica Romana pelo Papa João Paulo II com a Exortação Apostólica *Vita Consecrata*: "Hoje voltou a ser praticada também a consagração tanto das viúvas, conhecida desde os tempos apostólicos (cfr. 1Tm 5,5. 9-10; 1Cor 7,8), como dos viúvos. Estas pessoas, mediante o voto de castidade perpétua como sinal do Reino de Deus, consagram a sua condição para se dedicarem à oração e ao serviço da Igreja".

Atualmente, existem já várias ordens de viúvas em diversas dioceses pelo mundo, inclusive no Brasil. A principal missão de uma viúva consagrada é a oração, mas também pode atuar visitando doentes, no ministério da consolação visitando outras viúvas que perderam seus maridos e atuando junto às comunidades carentes. A restauração da ordem das viúvas no catolicismo representou uma possibilidade em aberto para que mulheres venham a dar sentido à sua vida mesmo após a dolorosa perda de um esposo, dedicando-se ao serviço de Deus e da comunidade.

## Para refletir

1. As viúvas cristãs podem contribuir em muito com a igreja por sua experiência de vida no enfrentamento de crises e desafios. Em que ministérios de sua igreja as viúvas poderiam atuar?

2. Como sua igreja tem cuidado das viúvas?

Artemisia Gentileschi, "Retrato de uma freira", c. 1618, óleo sobre tela, 70x52,5cm, coleção privada.

# 17
# Diaconisas: as primeiras enfermeiras

Uma vez a antropóloga Margarete Mead foi questionada sobre o fato que sinalizaria civilização em uma cultura. Ao invés de falar em artefatos ou invenções, Margarete Mead disse que a primeira evidência de civilização teria sido um esqueleto com o fêmur quebrado e cicatrizado encontrado em uma escavação arqueológica. Após uma fratura, o osso do fêmur demora cerca de seis semanas em repouso absoluto para cicatrizar. Mas aquele osso, datado de 15 mil anos atrás, contava uma história: alguém havia se preocupado com o indivíduo que fraturara a perna e havia cuidado dele, alimentando-o e aquecendo-o enquanto convalescia. Para a antropóloga Margarete Mead, o que nos faz civilizados é o cuidado para com o nosso próximo.

Para o cristão, cuidar do próximo é algo que deveria ser natural, nascido do amor de Deus em nossos corações. É o que a parábola do bom samaritano nos ensina. É curioso que, embora os personagens da parábola sejam todos masculinos, no Novo

Testamento os melhores exemplos de terem compreendido bem o ministério da *diakonia* (serviço) exercendo-o com maestria são encontrados entre as mulheres: Marta de Betânia, Dorcas e Lídia. Com a formação da igreja primitiva, coube aos apóstolos escolher homens e mulheres para assumirem oficialmente a tarefa do serviço ao próximo: os diáconos (At 6.1-5). Embora no texto da escolha dos diáconos só haja nomes de homens, sabemos que as mulheres também participavam desse ministério pela referência de Paulo à diaconisa Febe que atuava na igreja de Cencreia (Rm 16.1-2).

As diaconisas originalmente possuíam as mesmas atribuições dos diáconos, sendo-lhes imputado também as mesmas condições. O texto de 1Timóteo 3.8-13 trata dos dois gêneros em paralelo: respeitáveis/respeitáveis; de uma só palavra/não maledizentes; não inclinados a muito vinho/temperantes; não cobiçosos/fiéis em tudo (v. 8 e 11). Apenas uma diferença é estabelecida: os diáconos homens devem ser casados (v. 12). A omissão quanto às mulheres diaconisas refere-se ao costume de estas serem virgens ou viúvas. Embora alguns afirmem que o versículo 11 não trata das diaconisas e sim das mulheres dos diáconos, isso cai por terra pela falta do artigo possessivo, pois se assim fosse o texto teria de ser: "Da mesma sorte, quanto às [suas] mulheres...". Pelo contrário, a semelhança das qualidades exigidas só reforça o fato de se referir à diáconos homens e mulheres. Os primeiros teólogos da igreja também não tinham dúvidas sobre o texto de 1Timóteo referir-se a diáconos dos dois gêneros. Clemente de Alexandria (séc. 2—3), João Crisóstomo (séc. 4—5), Jerônimo e Epifânio (séc. 4) Teodoreto de Ciro e Pelágio (séc. 5), Cassiodoro (séc. 6), Claudio de Turim (séc. 9) e Abelardo (séc. 12), todos concordavam que o texto se refere a diáconos e diaconisas. Sobre isso o bispo Teodoro de Mopsuéstia (séc. 4—5) afirmou: "Paulo não quer dizer isto nesta passagem por ser adequado que esses [diáconos] tenham mulheres, mas por ser adequado que as mulheres sejam nomeadas para desempenhar funções semelhantes às dos diáconos".

Assim, o ofício do diaconato foi exercido por homens e mulheres durante séculos. No século 2, Plínio o Jovem (112 d.C.) escreveu a Trajano sobre ter conhecido duas diaconisas na Bitinia. No século 4, a diaconisa Olímpia forneceu ajuda aos hierarcas constantinopolitanos, incluindo Anfilóquio de Icônio, Onésimo do Ponto, Gregório de Nazianzo, Pedro de Sebaste e Epifânio de Chipre. João Crisóstomo enviou diversas cartas a Olímpia e à diaconisa Amproukla de Constantinopla agradecendo seu apoio quando estava no exílio. Ele também se refere à existência de quarenta diaconisas na Basílica de Hagia Sophia. O conhecimento teológico das diaconisas é algo que se destaca na história da igreja, pois os teólogos lhes dirigiam cartas onde discutiam abertamente temas profundos. Entre essas cartas sobreviveram as de Jerônimo de Estridão (séc. 5) para a diaconisa Salvina, de Teodoreto de Ciro (séc. 5) para a diaconisa Celerina de Constantinopla, de Severo de Antioquia (séc. 6) para a diaconisa Anastásia e quatro cartas a diaconisas escritas por Gregório II (séc. 8). O historiador Sozomeno (séc. 5) registrou o nome de seis diaconisas: Nectaria, Matrona, Pentadia, Olimpia, Nicarete e Eusébia em sua *História Eclesiástica*.

As diaconisas, assim como os diáconos passavam por um ritual de ordenação. As *Constituições Apostólicas* (8.20.1-2), documento dos século 4, trazem uma oração de ordenação de uma diaconisa: "Ó bispo, imporás as mãos sobre ela na presença dos presbíteros e diáconos e dirás: Deus eterno, Pai de nosso Senhor Jesus Cristo, criador do homem e da mulher, que encheu do seu Espírito a Miriam, Débora, Ana e Hulda, que não desdenhou que o seu único Filho nascesse de uma mulher, que no tabernáculo do testemunho e no templo também nomeou mulheres como guardiãs das tuas portas, olha agora para tua serva que vai ser nomeada para o diaconato e dá-lhe o Espírito Santo, libertando-a de toda a impureza da carne e do espírito para que ela possa desempenhar dignamente o trabalho que lhe é confiado para tua glória e louvor de teu Filho, Jesus Cristo, no qual seja dada glória e adoração a ti e ao Espírito Santo, nos séculos. Amém."

O *Didascália Apostolorum*, documento anônimo do século 3, é o primeiro a tratar oficialmente das diaconisas, que segundo o documento devem ser honradas como o Espírito Santo. Nessa afirmação podemos perceber o quanto a ação feminina, tanto na profecia como na diaconia, está associada com o Espírito de Deus. O *Didascália* divide as tarefas de colaboração com o bispo entre os diáconos e as diaconisas, restringindo a atuação destas à esfera feminina e aos doentes. O texto enfatiza a necessidade de mulheres servirem como diaconisas no preparo e ensino das novas convertidas, além de acompanhá-las no batismo. O batismo nesse período era realizado por imersão em tanque batismal com o novo convertido nu, tendo tido o corpo todo ungido com óleo. Assim, as mulheres recém-convertidas eram ungidas, conduzidas ao tanque e submersas três vezes por uma diaconisa enquanto o bispo dizia a fórmula batismal. Após isso, a diaconisa enxugava o corpo da recém-batizada e a vestia com um robe branco, levando-a em seguida até o bispo, que lhe conferia o crisma. Todo o discipulado dessa nova convertida era também função da diaconisa.

Por fim, o documento situa o diaconato feminino no ministério de Jesus como tendo sido estabelecido pelo próprio Cristo: "Por isso dizemos que o ministério de uma mulher diácono é especialmente necessário e importante. Pois nosso Senhor e Salvador também foi servido por mulheres diáconos: Maria Madalena, e Maria, mãe de Tiago e de José, e a mãe dos filhos de Zebedeu, e outras mulheres ainda. E tu também precisas

# As diaconisas atuaram como precursoras da enfermagem pública.

◆————◆

do ministério de uma diaconisa para muitas coisas; porque uma diaconisa é necessária para entrar nas casas dos pagãos onde há mulheres crentes, e visitar aqueles que estão doentes, e ministrar a eles naquilo de que eles precisam, e banhar aqueles que começaram a se recuperar de doenças..., mas que uma mulher se dedique ao ministério das mulheres, e um diácono do sexo masculino ao ministério dos homens" (cap. XVI).

A partir desse documento as diaconisas vão se dedicar cada vez mais às visitas e ao cuidado de gestantes e doentes, agindo como enfermeiras sociais. Embora existam muitas referências à prática da medicina na antiguidade, pouco se sabe sobre o surgimento da enfermagem, credenciando o seu surgimento nas comunidades de religiosas da Idade Média. Sabemos, porém, que, do século 5 ao século 6 diversos concílios da igreja vão enfatizar que as diaconisas casadas vivam em continência sexual, com separação de corpos de seus esposos, para dedicarem-se integralmente à obra da caridade e do cuidado aos doentes. É o início de uma nova ordem religiosa formada por mulheres celibatárias. A partir do século 10 a cerimônia de ordenação das diaconisas (Pontifical Romano-Germânico) assume as características que hoje vemos na consagração das freiras atuais, com imposição de mãos por um bispo e unção com o crisma, após o que recebem o *orarium* (estola), retirada de um véu do altar que a diaconisa coloca sobre a própria cabeça, seguida da recepção de um anel e uma coroa das mãos do bispo. São dessa mesma época os primeiros relatos sobre as diaconisas passarem a se chamar abadessas no Ocidente.

No século 12 para o século 13 o diaconato das mulheres deixa de ser possível, passando a ordenação a ser acessível somente aos homens nos três graus (episcopado, presbiterato e diaconato). As diaconisas, cujo ofício foi reconhecido desde a igreja primitiva, passam então a ser apenas consagradas e conhecidas sob o nome de freiras. Apesar disso, a marca de suas ações junto aos pobres, órfãos, gestantes e enfermos será sempre lembrada como um testemunho do amor cristão. Em seu trabalho social as diaconisas atuaram como precursoras da enfermagem pública: identificavam necessidades, distribuíam recursos e auxiliavam na sua administração adequada.

Muitos serão os hospitais e orfanatos que serão criados e mantidos por essas diaconisas com ou sem reconhecimento pela igreja. A começar pelos hospitais criados nas proximidades de Selêucia Isáuria onde Tecla, no primeiro século, teria por muitos anos evangelizado e tratado de enfermos. No século 4, a peregrina Egéria visitou as instalações dos hospitais criados por Tecla, e escavações arqueológicas em 1908 encontraram vestígios de muitas cisternas para banhos de doentes que indicavam pelo menos mil anos de uso. No século 4, a diaconisa Fabíola usou sua fortuna para construir um hospital em Roma onde junto com outras diaconisas se dedicou a tratar pessoalmente das doenças mais repulsivas da época. Criou também um hospital para peregrinos que se deslocavam a Roma. Até sua morte, Fabíola se dedicou ao cuidado dos enfermos e pobres. Sua história foi preservada por Jerônimo, seu amigo e professor. Na mesma época, Marcela transformou sua casa em um mosteiro para mulheres onde ensinava a prática do cuidado com enfermos, sendo considerada por alguns como a primeira enfermeira educadora.

O conhecimento das práticas de saúde nos conventos

tornou-se conhecido em todo o mundo. Muitas freiras se dedicavam ao seu aperfeiçoamento, como Hildegarda de Bingen, que no século 11 escreveu diversos tratados médicos com descrição de enfermidades e de seus tratamentos, sobretudo pelo uso de plantas medicinais. As Beguinas, no século 12, ficaram conhecidas por atender pobres e enfermos em hospitais e asilos para pacientes de hanseníase ou em suas próprias enfermarias. Katharina von Bora, ex-freira que se casou com Martinho Lutero, manteve a prática do cultivo de ervas medicinais para atendimento dos necessitados em sua casa. Curiosamente, foi de Wittemberg, lar de Katharina Von Bora, que vieram para o Brasil a primeiras diaconisas luteranas em 1913 para criar a Casa Matriz de Diaconisas, local no Rio Grande do Sul que atua em hospitais e asilos de idosos. Seja como freiras católicas, diaconisas luteranas ou enfermeiras leigas, as herdeiras das diaconisas do primeiro século continuam a atuar junto aos pobres e enfermos, estendendo o amor de Deus a quem mais precisa.

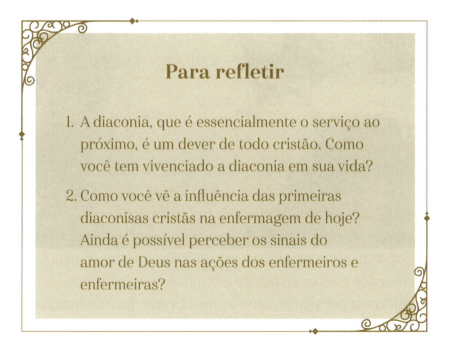

### Para refletir

1. A diaconia, que é essencialmente o serviço ao próximo, é um dever de todo cristão. Como você tem vivenciado a diaconia em sua vida?

2. Como você vê a influência das primeiras diaconisas cristãs na enfermagem de hoje? Ainda é possível perceber os sinais do amor de Deus nas ações dos enfermeiros e enfermeiras?

Barbara Longhi, "Catarina de Alexandria", 1589, óleo sobre tela, 45,7x35,6cm, Museo d'Arte della città di Ravenna.

# 18
# Mulheres no ministério hoje

As mulheres estão na gênese da igreja cristã: desde as discípulas informais às destinatárias de grandes mensagens, missionárias, companheiras junto à cruz, testemunhas da ressurreição, presentes no Pentecostes, líderes de igrejas em suas casas, diaconisas, presbíteras, profetisas e cooperadoras, enfim, líderes!

Embora a maioria da liderança oficial da igreja primitiva fosse constituída por homens, a preservação e o crescimento do cristianismo foram, em grande parte, responsabilidade das mulheres. Mesmo após o período apostólico continuou a haver claramente uma liderança compartilhada com as mulheres, com estas atuando principalmente no ensino das crianças e de outras mulheres e na ação social. No entanto, elas também atuavam no ensino de homens.

Os primeiros documentos da igreja, à semelhança dos textos do Novo Testamento, também mostravam essa liderança compartilhada. Na *Carta a Diogneto,* texto do primeiro século, o autor trata homens e mulheres em igualdade de valor, e o documento *Didaquê*, do século 2, também não trata de nenhuma distinção entre os gêneros. Até o século 2 o que podemos inferir é que havia presbíteras, diaconisas e líderes leigas na igreja. Irineu de Lyon (c. 130-202) relata sobre igrejas onde homens e mulheres dirigiam juntos a celebração da Comunhão. A partir do século 2 o texto *Tradição Apostólica* institui a ordenação aos ministérios eucarísticos, excluindo, porém, os solteiros de ambos os sexos e as viúvas de concorrerem ao cargo. O *Didascália Apostolorum* (séc. 3) limita a atividade da mulher na igreja de forma a não causar escândalo em uma igreja que começa a deixar as reuniões nas casas para reunir-se em locais públicos.

A partir do século 4 já não se observam muito mais registros de presbíteras, persistindo ainda as diaconisas e as líderes leigas. O *Didascália* e as *Constituições Apostólicas* (séc. 4) atribuem como ministério das diaconisas: visitar e assistir mulheres doentes e idosas, exercer funções auxiliares na cerimônia do batismo de mulheres e acolher as mulheres na entrada da igreja. Essas diaconisas eram ordenadas com imposição de mãos e oração do bispo, na presença dos presbíteros, diáconos e outras diaconisas. Ainda assim, o texto do século 4 *Estatuto dos Apóstolos* exclui as mulheres do ministério da Comunhão, restringindo a atuação das diaconisas às obras assistenciais e sociais. Já no século 5, os textos *Octateuco de Clemente* e o *Testamento de Nosso Senhor* aprovam que as mulheres evangelizem e ensinem, desde que somente a mulheres.

Esses documentos da igreja primitiva mostram que depois de exercer por um tempo uma liderança reconhecida, a mulher foi sendo afastada de cena gradualmente até quase desaparecer por completo, tendo sua ação limitada aos mosteiros ou como simples membros das igrejas. Apesar disso, muitas mulheres deixaram seu testemunho vivo e escritos teológicos que influenciaram e influenciam a igreja até os dias atuais.

O século 12 foi marcado pelo surgimento novas ordens religiosas, por movimentos leigos, alguns marcadamente femininos. Entre esses estão os movimentos das "Beguinas" e dos "Cátaros". Enquanto o primeiro era formado por mulheres nos Países Baixos dedicadas à oração e às boas obras, sem votos monásticos, podendo casar-se e não necessitando renunciar às propriedades, os Cátaros eram ascetas na Europa Ocidental que consideravam homens e mulheres como igualmente capacitados para exercer a liderança espiritual. Os Cátaros defendiam que se o Espírito Santo não tinha gênero, ele podia atuar livremente tanto em homens como em mulheres. Ambos movimentos foram, porém, considerados como heréticos e perseguidos pela Inquisição, deixando aos poucos de existir. Já as comunidades religiosas femininas tais como as "dominicanas" e as "Clarissas Pobres" puderam permanecer em sua piedade devocional, submissas a uma liderança masculina. Ainda que o número de casas religiosas femininas fosse menor que o dos mosteiros masculinos, não podemos ignorar sua existência. O século 12 testemunhou uma crescente busca por mulheres de origem nobre ou mesmo plebeia pela vida consagrada mesmo após a institucionalização da clausura. A escolha da vida celibatária libertava as mulheres do poder patriarcal familiar e abria-lhes portas para a possibilidade de estudo, apesar de ainda se encontrarem sob a liderança de um religioso homem.

A ordem de Cister abriu-se também para os mosteiros femininos, especialmente na Península Ibérica, com o Mosteiro de Lorvão, o Mosteiro de Celas, o Mosteiro de Arouca e o Mosteiro de São Bento de Cástris, protegidos pelas infantas-rainhas Beata Teresa, Beata Sancha e Beata Mafalda de Portugal, e o Mosteiro de São Dinis de Odivelas, todos dependentes de Alcobaça. Posteriormente, no princípio do século 16 foram ainda fundados em Portugal os mosteiros femininos de Tavira e de Portalegre e o Colégio do Espírito Santo em Coimbra.

Essas casas femininas contavam, às vezes, com o apoio de monges e abades que não compartilhavam da visão misógina de outros membros da ordem. Um exemplo destes teólogos defensores da liderança feminina foi Pedro Abelardo (1079–1142), que em 1129 recebeu na Abadia do Paráclito (Espírito Santo) as monjas beneditinas de Argenteuil que haviam sido expulsas de sua abadia agora destinada apenas a homens. Abelardo concedeu-lhes a propriedade, que passou a ser administrada pela abadessa Heloísa, tornando-se um mosteiro feminino com regras próprias.

Muitos dos mosteiros femininos estavam ligados à alta nobreza, e as abadessas como Heloisa de Argenteuil dispunham de grande poder, possuindo seu próprio capítulo (sala de administração), onde deliberavam sobre as questões pertinentes, assim como faziam os abades. Um caso interessante são as ordens mistas como a de Fontrevault, que era governada por uma abadessa, obrigatoriamente uma viúva, que presidia sobre três casas religiosas, uma para virgens e viúvas da nobreza, outra para mulheres penitentes, e uma terceira casa masculina. Apesar de ser uma ordem de elite, Fontrevault é mais um exemplo da diversidade da vida religiosa feminina e de como algumas mulheres ainda exercem posições de liderança dentro das ordens.

Ao mesmo tempo que a participação feminina nas ordens aumentava, seu cerceamento também ia se institucionalizando, reforçando a clausura, limitando ao máximo o contato das religiosas com o mundo secular e regulando inclusive as possibilidades de confessar. As vozes misóginas ganhavam cada vez mais espaço e sob a desculpa de proteção, a ingerência sobre a vida religiosa feminina aumentou muito no século 13. A clausura tornava as religiosas absolutamente dependentes da boa vontade de seus patronos laicos e religiosos, assim como de procuradores que deveriam gerir seus bens. Sem autonomia e sem a possibilidade de romper a clausura, tornava-se muito mais fácil controlar a prática religiosa feminina impondo sérios limites à independência dos mosteiros de mulheres. Se o século 12 foi o século do avanço dos movimentos religiosos femininos, o século 13 foi o século da clausura. Às mulheres foram atribuídas as características de fragilidade e periculosidade a si própria, razão pela qual deveriam ser sempre tuteladas por um homem. Ainda como resultado desse tratamento dado a mulher ocorreu a sua incriminação na Queda e no Pecado Original. Restava às mulheres a submissão e o silêncio e, no caso das religiosas, a clausura.

O século 16 trouxe novas reformas religiosas que voltaram a influenciar a atuação das mulheres na Igreja. Enquanto Teresa D'Avila junto com João da Cruz implementaram a reforma das Carmelitas em direção a um acirramento da vida espiritual, Martinho Lutero propôs uma igualdade de possibilidades às mulheres com a publicação de seu livro *Da liberdade cristã*. Os teólogos na Reforma trouxeram um pouco mais de liberdade à atuação religiosa da mulher, favorecendo a existência de teólogas protestantes na pregação, ensino e na produção de literatura teológica. Apesar disso, as mulheres só foram admitidas oficialmente aos cargos sacerdotais a partir do século 18 nas igrejas metodistas e do século 20 nas demais igrejas tradicionais que aceitam mulheres em cargos de liderança, sendo elas: Anglicana (1930), Luterana (1940), Presbiteriana[*]

---

[*] As duas maiores vertentes da Igreja Presbiteriana no Brasil divergem quanto a este assunto. Enquanto a Igreja Presbiteriana do Brasil não aceita mulheres em nenhum cargo de liderança eclesiástica, a Igreja Presbiteriana Independente do Brasil possui mulheres nos três níveis eclesiásticos: pastoras, presbíteras e diaconisas. Em outros países como EUA e Portugal, há também igrejas presbiterianas que aceitam mulheres em cargos de liderança e igrejas que não permitem que as mulheres exerçam esses cargos.

(1960). A crescente aceitação de mulheres a partir do século 18 exercendo oficialmente os ministérios de diaconato, presbiterato e pastorado em algumas igrejas protestantes se mostrava como uma progressão estável.

Interessante perceber que ao mesmo tempo que a Igreja Metodista foi a primeira a aceitar oficialmente a liderança eclesiástica feminina, o avivamento experimentado nessa igreja moveu o coração de muitas mulheres para o campo missionário. Antes ainda, no século 17, as mulheres foram a principais criadoras de instituições de apoio ao trabalho missionário e até hoje elas representam a maioria entre grupos de missionários em todo o mundo.

O século 19 viu surgir duas grandes denominações evangélicas sob a liderança feminina: Igreja Adventista do Sétimo dia com Ellen Gould White (1827–1915) e Igreja do Evangelho Quadrangular com Aimee Semple McPherson (1890–1944). Doutrinas à parte, essas igrejas criadas por mulheres não só sobrevivem até os dias atuais como se expandiram por todo o mundo.

Apesar disso, o reconhecimento público da atuação da mulher na igreja e na sociedade ainda é um desafio a ser superado. Mulheres cristãs (pastoras e religiosas) ainda são questionadas se de fato são capazes de assessorar uma comunidade, se são capazes de pregar, de realizar enterros, batizar, entre outras atividades.

Os anos 1960 foram, assim como os séculos 12 e 16, anos de muitas reformas. Os Estados Unidos vivenciavam os desafios da guerra e da eliminação da segregação racial. A crise política e social estabelecida abriu possibilidades para mudanças culturais nunca antes consideradas. A campanha para expandir o direito da mulher à igualdade de oportunidades na carreira e nas escolhas de vida logo passou para a vanguarda dessas revoluções sociais. Na década de 1970 as mulheres começaram a sentir-se

> O reconhecimento público da atuação da mulher na igreja e na sociedade ainda é um desafio a ser superado.

◆─────◆

mais à vontade para buscar um preparo teológico nos seminários onde encontraram apoio em seus colegas seminaristas e pastores. Com esse acesso ao estudo oficial, teólogas começaram a abordar assuntos bíblicos e teológicos pelo viés feminino. Foi o início da Teologia Feminista. No entanto, muitas teólogas formadas descobriram posteriormente que um diploma de seminário nem sempre garantia às mulheres a função de líderes eclesiásticas ordenadas e assalariadas. Restava-lhes a prática do ensino nas Escolas Dominicais e o auxílio ao esposo, muitas vezes também formado em um seminário e ordenado pastor.

Embora em algumas igrejas protestantes em certas partes do mundo a existência de pastoras, presbíteras e diaconisas já seja algo corriqueiro, em outras a discussão do assunto é cada vez mais acalorada, com as vozes contrárias se sobrepondo às suas defensoras. Apesar dessas diferenças, o número de mulheres que busca um preparo teológico em um seminário ou uma pós-graduação em Teologia ou Ciência das Religiões é crescente, equivalendo a um terço, às vezes mais da metade, dos ingressantes.

Hoje, nos Estados Unidos, pelo menos um quinto da liderança oficial em cada uma das principais denominações protestantes é exercido por mulheres. Nas denominações evangélicas conservadoras que permitem a ordenação feminina o número de mulheres ordenadas aumentou para cerca de 10%. Esses aumentos representam um crescimento real na aceitação e valorização dos dons das mulheres como líderes reconhecidas.

Por sua vez, o catolicismo também tem ultimamente resgatado o ministério feminino. A Igreja Católica Ortodoxa em 2017 restabeleceu oficialmente o diaconato feminino voltado principalmente para áreas de missões. Já a Igreja Católica Romana vem sofrendo algumas mudanças desde o Concílio do Vaticano II quando João XXIII convocou uma mulher para a comissão preparatória do Concílio. O Papa Paulo VI em 1965, no decreto sobre o apostolado dos leigos, escreveu: "Em nossos dias as mulheres têm uma participação cada vez maior em toda a vida da sociedade, por isso é de suma importância sua participação igualmente crescente nos diversos campos do apostolado da Igreja". Do Concilio Vaticano II aos dias de hoje foram muitos os movimentos e organizações criados no interior da Igreja Católica Romana que pleitearam o reconhecimento das mulheres no serviço religioso leigo e ordenado. Recentemente, sob a direção do Papa Francisco, algumas mudanças foram implementadas, como a nomeação de várias mulheres para lugares de responsabilidade em diferentes estruturas da Santa Sé, a instituição de uma comissão para estudar o diaconato feminino e a mudança do texto do Código de Direito Canônico tornando institucional o que já acontecia na prática: o acesso das mulheres leigas ao serviço da Palavra e do altar.

À luz desses fatos sociais e históricos não podemos deixar de retomar a ação das mulheres durante a implantação do cristianismo, sendo elas reconhecidas nos Evangelhos, no livro de Atos dos Apóstolos e nas Cartas Paulinas como cooperadoras, missionárias, líderes de igrejas em suas casas, mestres, diaconisas, presbíteras e profetisas. Mulheres que utilizaram seus dons especiais na ação social, no ensino e no cuidado para com os necessitados.

As mulheres, hoje, possuem as mesmas habilidades e características das mulheres da igreja primitiva e representam a maioria dos fiéis nas igrejas cristãs em geral. O que mudou, nos últimos dois séculos, foi a posição cultural, social e institucional da mulher. A igreja não pode deixar de levar em conta essas mudanças, percebendo que homens e mulheres foram criados em igualdade perante Deus e da mesma forma resgatados em igualdade perante o sacrifício de Cristo. A igreja cristã que percebe e se apropria do valor da mulher em seus diversos ministérios é uma igreja muito mais próxima de suas origens e, assim, muito mais próxima de Cristo.

Não se trata aqui de defender a ordenação feminina. Isso é uma particularidade de cada igreja. Trata-se de valorizar o ministério feminino, concedendo à mulher espaço além da cozinha da igreja, estendendo-se à recepção, ação social, ensino, evangelização e oração. É claro que muitas mulheres estão satisfeitas com seu lugar servindo cafezinho após o culto. Servir faz parte da índole da mulher, mas o serviço cristão é muito mais do que isso. É mais do que chegada a hora de todas as igrejas cristãs reconhecerem o potencial da mulher e como esse potencial pode ser valioso para a promoção do reino de Deus neste mundo.

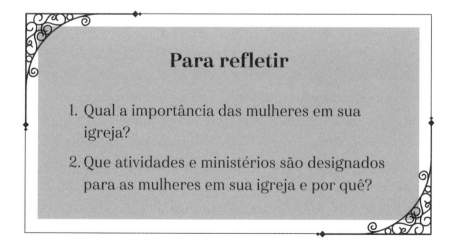

### Para refletir

1. Qual a importância das mulheres em sua igreja?
2. Que atividades e ministérios são designados para as mulheres em sua igreja e por quê?

## Sobre a autora

Lidice Meyer é pós-doutora em Antropologia e História pela Universidade de São Paulo (USP). Atualmente é docente no mestrado em Ciência das Religiões da Universidade Lusófona de Portugal e no Seminário Teológico Batista, também em Portugal. Por 21 anos atuou na Universidade Presbiteriana Mackenzie, tendo sido docente no Programa de Pós-Graduação em Ciências da Religião, na graduação em Teologia, coordenadora de Pós-Graduação Lato Sensu e criadora do Núcleo de Estudos do Protestantismo (NEP). É comentarista e consultora sobre assuntos de religião e antropologia em mídias sociais, TV, rádio, jornais e revistas. Tem se dedicado nos últimos anos à Antropologia Bíblica, com ênfase no estudo da mulher na Bíblia e no cristianismo, ministrando diversos cursos sobre o tema. Possui livros e artigos publicados nas áreas de religião, história, antropologia e etnobotânica.

Compartilhe suas impressões de leitura,
mencionando o título da obra, pelo e-mail
**opiniao-do-leitor@mundocristao.com.br**
ou por nossas redes sociais

Esta obra foi composta com tipografia Iowan Old Style
e impressa em papel Offset 90 g/m2 na gráfica Santa Marta